DYN Y MÊL

Llyfrau Llafar Gwlad

Dyn y Mêl

Wil Griffiths

Argraffiad cyntaf: 2010

ⓗ Wil Griffiths/Gwasg Carreg Gwalch

Rhif rhyngwladol: 978-1-84527-284-5

Mae'r cyhoeddwr yn cydnabod cefnogaeth ariannol
Cyngor Llyfrau Cymru.

Cartwnau gan Elwyn Ioan

Cynllun clawr: Sion Ilar

Cyhoeddwyd gan Wasg Carreg Gwalch,
12 Iard yr Orsaf, Llanrwst, Conwy, LL26 0EH.
Ffôn: 01492 642031 Ffacs: 01492 641502
e-bost: llyfrau@carreg-gwalch.com
lle ar y we: www.carreg-gwalch.com

Argraffwyd a chyhoeddwyd yng Nghymru.

Cynnwys

Rhagair   6

1. Yn y Dechreuad   9

2. Y Cartref – Y Cwch   17

3. Y Plant – Magu Gwenyn   25

4. Amser Chwarae a Dawnsio   34

5. Y Fam – Y Frenhines   42

6. Codi Teulu trwy Heidio   60

7. Cael rhagor o Deulu eto trwy Heidio   68

8. Y Tad – Y Gwenyn Diog   77

9. Bwydo'r Teulu – Mêl, Paill a Chwyr   82

10. Cadw Trefn a Disgyblu – Blwyddyn y Gwenynwr   90

11. Y Gweithle – Planhigion y Gwenyn   97

12. Cydweithio – Trafod y Gwenyn   104

Geirfa   108

Rhagair

Heb os, mae yna fwy o ysgrifennu wedi bod, ac yn cael ei wneud, am wenyn na'r un creadur arall, ond prin iawn yw hynny yn Gymraeg. Medrir dwyn i gof dri lyfr yn unig – *Y Gwenynydd* gan H.R. a Michael D. Jones yn 1888, *Rhamant y Gwenyn* gan J. Evans Jones yn 1960, ac *Y Fêl Ynys* gan M.R. Williams yn 1972. Dyna'r cyfan, er bod cadw gwenyn yn ddigon poblogaidd yng Nghymru, a chan Gymry, drwy'r amser. Ers deugain mlynedd bellach ni chyhoeddwyd yr un llyfr, dim ond cyfeiriad hwnt ac yma mewn ambell gylchgrawn. Bu'n arferiad yn y pedwar degau i gyhoeddi erthyglau Cymraeg yn y *Welsh Bee Journal* gan J.E. Annwyl ac eraill, ond ni pharhaodd hyn yn hir. Rwyf wedi ceisio atgyfodi'r arferiad yn *Gwenynwyr Cymru/The Welsh Beekeeper* ym mlynyddoedd y ddwy fil, ar gais llawer gwenynwr sydd wedi gweld yr angen yn Gymraeg. Hyn a'm hysgogodd i geisio rhoi gair wrth air yn y llyfr hwn.

Yn ddiweddar, oherwydd y problemau sydd wedi codi ym myd gwenyna, mae yna ddiddordeb mawr wedi datblygu yn y maes. Diddordeb negyddol i raddau, gan fod yna lawer yn darogan tranc y gwenyn. Sylweddolwyd y medrai hyn greu problemau i ddyn ac anifail, gan fod rhan helaeth o fwyd y naill a'r llall yn dibynnu ar y peillio rhad a wneir gan wenyn.

Ar ôl treulio bron hanner can mlynedd â'm pen mewn cwch gwenyn, dyma geisio rhoi ychydig brofiad mewn geiriau. Gobeithio y bydd o gymorth i wenynwyr eraill o Gymry, ond yn fwy fyth i addysgu'r sawl sydd am ddarllen ac sy'n awyddus i wybod mwy o gyfrinachau'r creaduriaid hyn – creaduriaid y mae ein bara beunyddiol yn dibynnu cymaint arnynt. Creu diddordeb yn hytrach na chyflwyno techneg, efallai, yw gwir amcan y llyfr. Ceisiais gadw'r wybodaeth mor syml â phosibl yn y gobaith y bydd i'r darllenydd synhwyro peth o'r hud sydd wedi fy nghyfareddu i drwy'r blynyddoedd. Ceisiais osgoi bod yn dechnegol ond ceisio creu, yn hytrach, lwybr trwy ddigwyddiadau personol, doniol neu ddifrifol, ar y naill law a chyflwyno ychydig wybodaeth o brofiad am wenyna ar y llaw arall.

Gan fy mod i, a'r rhan fwyaf o wenynwyr Cymraeg eu hiaith, wedi dysgu gwenyna trwy gyfrwng y Saesneg bu'n rhaid bathu geirfa newydd yn ogystal â defnyddio'r eirfa yn y tri llyfr uchod. Pan ddefnyddir gair Cymraeg wedi'i fathu rwyf wedi cynnwys y gair Saesneg mewn cromfachau – am y tro cyntaf yn unig. Meddyliais mai doeth hefyd fyddai cynnwys rhestr o'r geiriau hyn ar y diwedd. Mae llawer o'r eirfa'n cael ei defnyddio o ddydd i ddydd gan aelodau Cymdeithas Gwenynwyr Cymraeg Ceredigion a'r gobaith yw y bydd ar dafod pob Cymro Cymraeg wrth wenyna yn y dyfodol.

Gan fod byd y gwenyn yn un teulu cymdeithasol meddyliais y byddai'n ddoeth i mi enwi'r penodau gyda thermau teuluol yn hytrach na thermau technegol o fyd y gwenynwyr.

Eiddof fi yw'r cynnwys, cywir neu anghywir, a'r troeon trwstan, ond am bopeth arall rwyf wedi dibynnu'n helaeth ar eraill. Rwy'n ddiolchgar i'r rhai hynny sydd â'u henwau wrth y lluniau am eu caniatâd parod i'w defnyddio ac i swyddogion llawer Cymdeithas Gwenynwyr y bûm yn eu poeni am hanes lluniau, yn enwedig Cymdeithas Gwenynwyr Maldwyn. Pensil arlunio crefftus Elwyn Ioan fu'n llunio'r cartwnau, a phensil coch Dewi Morris Jones a roes gywirdeb i lawer gair a brawddeg. Ni fedraf orddiolch i'r ddau. Roedd yn dda fod Hywel, y mab, yn arbenigo ar gyfrinachau'r cyfrifiadur i gadw aml i ddafad golledig rhag mynd ar goll, twtio ambell lun a rhoi bod i'r deiagramau. Mae yna rai eraill wedi helpu fel Carys Edwards, Fred Eckton, Phil Regan a Meirion Williams a fu'n holi hynt a helynt y llyfr yn barhaus.

Dymunaf ddiolch i Wasg Carreg Gwalch am fod mor barod i gyhoeddi, am bob cyfarwyddyd a chydweithrediad a hynny heb golyn na brathiad.

Wil Griffiths
Mai 2010

Haid o wenyn, tebyg i honno yn y llwyn draenen ddu slawer dydd.
Llun: Dinah Sweet

Pennod 1

Yn y Dechreuad

Dyn y mêl yw'r enw. Nid oherwydd fy mod yn felysach na'r cyffredin na chwaith yn fwy pigog a gwenwynllyd fy anian, ond am fy mod wedi ymhél â gwenyn ers hanner can mlynedd ac wedi cynhyrchu a gwerthu ambell bwys o haf mewn pot o fêl. 'Dwy ddim yn rhyw hoffi na chasáu'r enw ond ambell waith daw teimlad o ddinodedd drosof pan gyferchir fi trwy ofyn 'Sut mae'r gwenyn?' cyn unrhyw gyfeiriad ataf fi fy hun. Mae'r hunan yr amser hynny'n cael pwl o iselder ysbryd wrth feddwl fod pryfetach yn bwysicach na hyd yn oed lwch y llawr. Rwyf erbyn hyn wedi dygymod â'r gofyniad er nad oes neb yn gofyn i ddyn y llaeth sut mae'r fuwch na'r gwerthwr wyau sut mae'r ieir. Beth bynnag, rwyf bellach wedi dod i synhwyro fod gwenyn, eu cyfrinachau a'u cyfaredd, eu brathiadau a'u gwenwyn, yn apelio at chwilfrydedd bron bawb.

I mi, nid yr ychydig geiniogau a wneir wrth werthu ambell bwys o fêl sy'n gwneud y cwlwm a'm clyma wrth y creaduriaid hudol hyn, ond eu ffordd o fyw cyfrin, cyfareddol yw'r apêl. Y rhain sy'n cynhyrchu ein bara beunyddiol, ac yn fwy fyth y jam, a llwm iawn fyddai ein bwrdd a'n cynhaliaeth hebddynt. Fues i fawr ddim elwach o werthu eu cynnyrch, na neb arall chwaith, ond cefais gyfoeth o fwynhad ac o ddysg ym myd eu dirgelion.

Yn grwt bach, trowsus byr, y deuthum ar eu traws gyntaf. Yr oeddwn yn hen gyfarwydd â'u sŵn yn y ddwy goeden sycamor wrth glawdd yr ydlan ac ym Mai roedd y rhain yn gân a'u diferion yn lud ar bopeth oddi tanynt. Mae'n bosibl cael cryn gynhaeaf o'r sycamor os yw'r tywydd yn foddhaol ac ansawdd y pridd o blaid hynny. Mae'r un peth yn wir am lawer o goed blodeuog y gwanwyn fel y ddraenen wen a'r gelynnen a'r coed ffrwythau wrth gwrs. Un o hanfodion gwenynwr da bob amser yw bod llygad natur yn ei enaid.

Ie, cyfnod y trowsus byr oedd hi ac yn brynhawn braf o Sul. Wedi cael ar ddeall yn yr Ysgol Sul gan blant y fferm agosaf rown i fod yna haid o wenyn ynghlwm ar ddraenen ddu yng nghlawdd un o'r caeau. Wedi deffro'r chwilfrydedd rhaid oedd mynd i'w gweld gan fod y peth yn gwbl ddieithr i bawb ohonom. Yno y suent i awel

Gwae yr un dyn bach ar ôl!

Mehefin yn un bêl fawr. Yr un pryd roedd yn amlwg i bawb ohonom fod yna ryw anesmwythyd yn y gwersyll gan fod yna hedfan cyson yn ôl a blaen ond ni wnaed rhyw lawer o sylw ohonom ni wrth i ni nesu'n ofalus. Erbyn heddiw rwy'n deall ei bod yn amlwg iddynt fod yno ers rhai dyddiau ac wedi dod o gryn bellter gan fod y gwenynwr agosaf gryn dair milltir i ffwrdd. Ran amlaf mae haid fel hyn yn chwilio am gartref newydd yn o fuan gan fod yna rai gwenyn, y sgowtiaid, wedi bod wrthi ers rhai dyddiau yn chwilota yn ôl a blaen am gartref i'r haid. O'i gael byddant yn mynd yno bron yn syth y dônt allan o'u hen gartref. Nid yw hyn yn wir os gwyryf ifanc yw'r frenhines yn yr haid, neu ambell waith ddwy neu dair gwyryf frenhines yn y bêl. Pryd hyn y mae pethau lawer iawn yn fwy anesmwyth oherwydd gŵyr y gwyryfon fod yna frwydr yn mynd i fod, yn hwyr neu'n hwyrach, brwydr hyd at angau i bawb ond un. Fel hyn y goroesa'r cryfaf.

Gan nad oeddent eto yn gwneud rhyw sylw manwl ohonom mi roedd hyn yn rhoi hyder i fynd yn nes ac yn nes. Roedd y fath beth yn anhygoel i lygaid plant ac eto i gyd yn frawychus o newydd fel rhywbeth o fyd arall. Rhyfedd fel yr ymetyb plant ac oedolion i ryw ryfeddod newydd tu hwnt i'n deall. Wedi'r syndod . . . carreg! Aeth y cyfan yn wreichion. Traed yn y tir am y noddfa gyntaf. Gan fod un yn y cwmni yn fyr ei cham a heb lwyr sylweddoli pam y rhuthr traed a aeth heibio iddi, cafodd ei dal. Pawb am achub ei groen ei hun a neb am arbed y gwannaf nes i'r gyflafan dawelu. Yno yn *no man's land* y bu yn ddiymadferth am funudau lawer nes i rywun oedd yn ddigon dewr redeg am gymorth. Ni fu hi fawr gwaeth wedi cyfnod yn yr ysbyty, na neb arall chwaith ar ôl y gweir am feiddio gwneud y fath beth ar y Sul. Ar yr Ysgol Sul yr oedd

Y Teiliwr Bach, cryn dipyn yn iau yma na'r bore hwnnw yn yr ardd, a heb ei bib.
Llun: Raymond Jenkins

y bai – pe na fyddem wedi cael ein gorfodi i fynd yno ar brynhawn mor braf fydden ni ddim wedi bod yn agos i'r ddraenen ddu!

Plant bach Ysgol Sul neu beidio penderfynais nad awn byth eto yn agos i'r diawled bach. Roedd cydwybod tri wedi bod yn pigo ar ôl gadael un yn ddiymadferth ar ganol cae a ninnau yn ormod o gachgwn i geisio'i gwaredu. Dim mwy . . . digon. Ond, wedi i'r trowsus bach dyfu'n goesau hir, bu'n rhaid i mi lyncu fy ngeiriau. Cefais fy anfon un bore Sadwrn ar neges dros fy nhad-cu. Roedd ymhell dros ei bedwar ugain ac wedi penderfynu cael siwt o frethyn, ond nid un pren fel patriarch y Felindre. Doedd neb ond teiliwr bach Llanddeiniol a fedrai gyflawni'r fath beth i'r henwr, gan fod un mab iddo, ac ewythr i mi, Ifan Defi Sowth, wedi bod yn brentis gyda thad 'Y Teiliwr Bach'. Nid llysenw oedd y 'bach' ond ansoddair cwbl gywir. Roedd Ifan Jones yn fach o gorff ond yn ddigon cryf, serch hynny, i ddal y bibell drom oedd yn ei geg bron bob amser. Byddai'n tynnu'n

'Mae'r gwenyn yn hoffi'r baco 'ma!'

barhaus ar hon ac yn codi a chrychu'i drwyn bron pob sugnad o'r *Ringers*, fel cwningen yn arogli llond cae o foron. Fuaswn i ddim yn synnu dim ei fod yn well gwenynwr nag o deiliwr oherwydd roedd yn enwog yn y cylch fel dewin y cwch. Roedd dewiniaeth yn y fath gamp yn rhywbeth anghyfarwydd iawn yn ein hardal ni gan mai ef oedd yr unig wenynwr yn y broydd. Tueddai pawb i edrych arno gyda chwilfrydedd ac edmygedd; y dyn bach hwn yn medru trafod y fath greaduriaid. Y rhain y byddai bois yr hewl a gweision ffermydd cydnerth yn gorfod dianc rhagddynt am eu bywyd bob tro y byddai'r cryman yn mynd trwy eu nyth. Nid yr un math o wenyn, mae'n wir, ond yr un mor ddolurus eu pigiadau.

Mewn anwybodaeth y neseais at y tŷ'r bore Sadwrn hwnnw. Pe byddwn wedi bod yn ddigon sylwgar a chlustfain byddwn wedi gweld a chlywed cyn cyrraedd y *front line*. Wedi cyrraedd y gât a arweiniai at y llwybr i'r tŷ agorwyd fy llygaid i'r bataliwn a wibiai'n swnllyd rhwng brigau'r coed. Sut yn y byd y medrent beidio â tharo yn erbyn ei gilydd a hwythau yn y fath frys? Erbyn hyn roeddwn yn

Gwenyna ddechrau'r ganrif ddiwethaf ym Mhontrhydygroes.

Llun: Ifor Edwards

nes i'r cwch agosaf nag y bûm o gwbl at y ddraenen ddu. Mae rhywun mewn ofn yn gweld pob perygl yn ddwbl ac roedd yr hanner dwsin cwch bob ochr i'r llwybr yn dwyn yn ôl ar ei ganfed yr hunllef am y corff ar ganol y cae. Llifai gwenyn allan o enau pob cwch a minnau yn rhewynt o ofn. Teimlwn fod un peth o'm plaid serch hynny, sef mod i unwaith wedi llwyddo i ennill ras arnynt, a siawns pe byddwn yn dadlaith o'r ofn y medrwn ennill unwaith eto gan fod y cwrs i lawr y gwaered. Medrwn wedyn guddio o dan y bont ar waelod y rhiw. Medrwn yr un pryd weld fy nhad-cu o flaen ei well, ac efallai mewn jâl am anfon crwt mor ifanc i'r *front line*.

Tra oeddwn yn dal i rewi pwy ddaeth o rywle, yn *Ringers* i gyd, ond y teiliwr bach. Cerddodd drwy'r cyfan i gyd, yn ddi-ofn a diberygl, fel rhyw 007 ynghanol y bwledi. Sylweddolodd fy arswyd, ac wedi pwff neu ddau ceisiodd fy mherswadio nad oedd yna unrhyw berygl gan fod y gwenyn â'u bryd ar hel neithdar y diwrnod hwnnw. Onid oes yna ddynion rhyfygus, sydd mor barod i dwyllo plant, a minnau wedi bod yn dyst i'r hyn a wnaethant rai blynyddoedd ynghynt! Trodd ar ei sawdl a cherdded yn ôl i'r tŷ gan fy ngadael yn llawn anghrediniaeth. Daeth yn ôl ymhen ychydig a rhwydwaith fân i'w gosod dros fy mhen. Arweiniodd fi yn o gyndyn at y cwch agosaf ac ar ôl codi'r to cefais esboniad ar beth oedd yn digwydd. Chefais i ddim brathiad o gwbl gan y gwenyn ond efallai proc anaeddfed i ryw haen o awydd o'm mewn.

Ran amlaf mae'r gwenynwr yn medru cerdded o gwmpas ei gychod yn gwbl ffyddiog na chaiff ei frathu. Mae'r anghyfarwydd, wrth weld hyn, yn tybio fod y gwenyn yn adnabod y meistr fel defaid y bugail da. Mae'n wir ei fod yn nabod tymer ei wenyn ac yn gwybod, trwy brofiad, pryd mae'n ddiogel i'w trin, ond rhan o'r rheswm yw hyn. Fyddwn i byth yn gwahodd gŵr dieithr i ddod mewn i'r wenynfa a cherdded o gwmpas fel pe bai'n cerdded y prom yn Llandudno, nac yn ei sicrhau na fyddai'n cael ei frathu. Byddai'r ymwelydd dibrofiad drwy'r amser ar bigau drain gan y byddai arno ofn, er ei fod efallai yn ymddangos yn ddewr. Pan yw'n ofnus mae chwarennau yn y corff dynol yn rhyddhau'r mymryn lleiaf o leithder neu fath o chwys sydd ag arogl arbennig iddo. Fferomon yw'r gair am hyn. Gan fod synnwyr arogli'r gwenyn mor gryf maent yn arogli'r pheramon pan ddaw'r dieithryn yn nes. Mae hyn yn eu cythruddo ac ar unwaith ymosodant arno. Does dim o'r un ofn ar y gwenynwr profiadol ac felly medr gerdded yn echon o gwmpas. Lawer tro gwelais ddegau o wenyn o gwmpas penrwyd *(veil)* ambell wenynwr ofnus tra mae'r profiadol di-ofn ar ei bwys heb ei boeni o gwbl. Mae'r un peth, mi gredaf, yn digwydd i berson sy'n ofni cŵn. Ânt yn syth amdano ac yn aml ei frathu. Mae cŵn fel gwenyn yn synhwyro'r ofn ac yn cael eu cynddeiriogi gan yr arogl.

I wenyn mae yna rai arogleuon sydd, fel y soniais, yn eu gwneud yn ymosodol. Er enghraifft, mae'n gas ganddynt arogl chwys. Cadwch yn ddigon pell, felly, os ydych wedi chwysu. Mae nifer o wenynwyr yn gwisgo menig tenau o ledr i'w trafod ond dyw'r rhain ddim yn rhoi perffaith ddiogelwch gan y medr y gwenyn wthio eu colyn drwy'r lledr, yn enwedig os bydd yn llaith neu'n wlyb. Os oes twll yn un o fysedd y faneg byddant wedi ei ddarganfod cyn pen fawr o dro a rhoi colyn digon poenus i'r perchen bys drwyddo. Brathiad digon poenus fydd hon gan y bydd ar flaen y bys ac felly heb fawr o gnawd i liniaru'r boen. Arogl y chwys sy'n dod allan drwy'r twll yw'r rheswm am y brathiad.

Yn aml yn yr haf ymosodir ar ferched, yn ddireswm; ambell dro mae'n ymosodiad mor arw nes peri marwolaeth, ond prin iawn, iawn yw hyn. Yn ddieithriad arogl persawr neu sebon golchi gwallt yw'r rheswm. Mae yna rai arogleuon a ddefnyddir gan wenynwyr sydd o gymorth wrth drafod y cwch, yn arbennig arogl mwg. Mae arogl mwg yn dwyn yn ôl i'r gwenyn yr anian gyntefig yn eu bodolaeth. Yn oesoedd bore eu datblygiad, mewn coed y byddent yn gwneud eu cartref a'r perygl mawr yr amser hynny oedd tân yn y goedwig. Golygai hyn, yn aml, y byddent yn colli eu cartref. Yn y sefyllfa hon byddai'r gwenyn yn llanw eu stumogau â mêl fel y byddai ganddynt ddigon o fwyd i'w cynnal am rai dyddiau hyd nes byddent wedi medru sefydlu cartref newydd. Felly, wrth chwythu mwg i mewn i'r cwch mae'r gwenynwr yn twyllo'r gwenyn fod yna berygl o golli eu cartref ac felly, fel y soniwyd, llanwant eu hunain â mêl. Mae stumog lawn yn ei gwneud yn fwy anodd i blygu'r corff i wthio'r colyn i mewn i'r cnawd ac felly maent yn llai parod i frathu. Yn union fel unrhyw weithiwr, mae'n fwy anodd gweithio a phlygu ar gylla llawn.

Soniais ei bod wedi bod yn syndod i mi na chefais fy mrathu'r bore Sadwrn hwnnw. Os bu ofn ar rywun erioed, y fi oedd hwnnw. Cefais gan y teiliwr bach, a diolch am hynny, gipolwg ar gyfrinach bywyd o lwyr ymostwng i les y mwyafrif, bywyd lle nad yw hunan yn cyfrif, a lle mae heddwch a chydweithio yn rhan o'r drefn.

Ymhen blynyddoedd aeth y teiliwr o fyd y brethyn yn llwyr i fyd y brathu gan iddo gael swydd arolygwr gwenyn o dan y Weinyddiaeth, i gynorthwyo gwenynwyr yn y grefft o wenyna. Yn ddiweddar clywais amdano ar ddiwedd y cynhaeaf mêl ym mis Medi yn cael benthyg cert a cheffyl, a hyd yn oed geffyl blaen gan mor drwm y llwyth, i gario ei fêl mewn tuniau wyth pwys ar hugain, i'r orsaf yn Aberystwyth. Ie, bwrw dy fara a thi a'i cei . . . Ychydig a feddyliais y byddai'r wers yn troi'n ysfa ymhen rhai blynyddoedd.

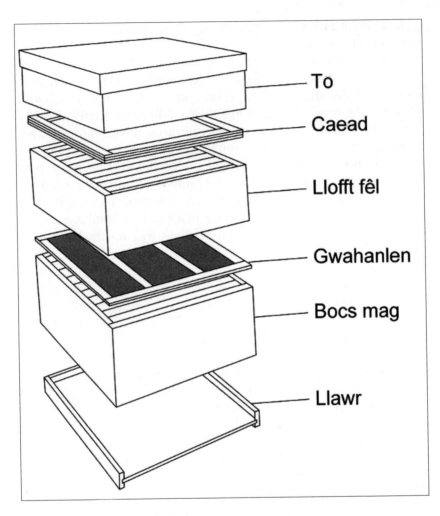

To

Caead

Llofft fêl

Gwahanlen

Bocs mag

Llawr

Sgets o'r cwch gwenyn modern.

Y Cartref – Y Cwch

'Ymhen llawer o ddyddiau,' wel rhai blynyddoedd a dweud y gwir, roeddwn yn digwydd bod ar staff ysgol yn Aberdâr, lle'r oedd aelod o'r staff yn wenynwr. Yn fuan, fe'm perswadiodd i roi help llaw iddo ar brydiau. Bodlonais ar sail y wers honno a gefais gan y teiliwr bach. Beth tybed oedd i ddenu gwenyn ynghanol y tipiau glo gan fod yna bentyrrau, yn llythrennol felly, o'r rhai hynny yn yr ardal yr amser hynny? Os oedd yna unrhyw blanhigyn a gynhyrchai neithdar yn y fro yna nid hir y byddai'r gwenyn cyn ei ddarganfod. Roedd gan bron bob glöwr ei ardd yn llawn llysiau a blodau ond prin iawn yw'r neithdar a geir o flodau'r ardd. Roedd y parc enwog gerllaw yn llawn o goed, yn enwedig y prysgwydd *(lime)* sy'n enwog am fêl a gwawr werdd arno. Digon hefyd o sycamor a helyg sy'n arbennig am stôr cynnar o fêl a phaill a'r ddau hyn, sef mêl a phaill, yw bara beunyddiol gwenyn. Efallai mai Blodyn y Milwr *(willowherb)* oedd anrheg orau natur i'r gwenyn yn yr ardal yma gan ei fod yn cynhyrchu stôr dda o neithdar ym misoedd Gorffennaf ac Awst, neithdar sy'n troi'n fêl golau iawn ei liw, bron fel dŵr. Rhag camarwain, rhaid esbonio yma'r gwahaniaeth rhwng neithdar a mêl, oherwydd nid gair am yr un peth yw'r ddau, o bell ffordd. Neithdar yw'r math o hylif a gynhyrchir gan flodau er mwyn denu pryfed, ac ambell waith adar mewn rhai gwledydd, i'w peillio a thrwy hynny gynhyrchu had. Mae'r hylif yma, sef neithdar, yn cael ei drawsnewid i fêl o fewn stumog fêl y wenynen. Gwneir hyn trwy ychwanegu ensymau *(enzymes)*, a gynhyrchir gan chwarennau o fewn ei chorff, at y neithdar a'i droi yn fêl. Ond dyw hyn ddim ond dechrau'r broses fel y ceir gweld yn nes ymlaen.

    Yma, ynghanol y tipiau, y cefais y cyfle i wir weld a dysgu dirgelion crombil y cwch. Mae yna nifer o wahanol fathau o gychod ac ambell wenynwr wedi dyfeisio ei fath ei hun. Does dim byd yn fwy parod i greu dadl rhwng gwenynwyr a'i gilydd na cheisio dilorni'r math o gychod a ddefnyddiant. Y cwch mwyaf cyffredin yng ngwledydd Prydain yn sicr yw'r Cwch Cenedlaethol *(National)*. Mae'n haws ei symud yn llawn gwenyn, pan fo angen, ond mae'n gymhleth i'r gwenynwr sydd am adeiladu ei gychod ei hun. Aeth heibio oes y cwch onglog ei ochrau, y WBC a enwyd ar ôl y gŵr a'i cynlluniodd, oherwydd ei fod yn drwsgl i drafod y gwenyn ynddo, a bron yn amhosibl ei symud heb gosfa go dda o frathiadau bob tro. Efallai mai'r cwch mwyaf poblogaidd yn y byd gwenyna yn gyffredinol yw'r Langstroth a enwyd ar ôl yr un a'i cynlluniodd. Mae i'r cwch hwn nifer o ragoriaethau o'i gymharu â'r Cwch Cenedlaethol ond mae'n anodd cael gwenynwyr i sylweddoli hyn. Pawb at y peth y bo yw hi hefyd ym myd y cychod.

Beth bynnag yw'r cwch, mae'n rhaid iddo fod yn ddiddos, nid yn unig yn glyd a sych ond heb fod ynddo unrhyw dwll na chrac i ollwng y gwenyn allan, yn enwedig os bydd angen symud y cwch ryw bellter mewn cerbyd. Mae'n syndod sut y gall gwenyn ddod allan drwy'r twll lleiaf. Lawer tro rwyf wedi cael cwmni degau ar ambell daith! Dyw hyn, serch hynny, ddim yn broblem fawr i'r gyrrwr oherwydd mynd at y ffenestri lle mae'r golau a wna'r gwenyn bob tro ond y perygl, os yw'r siwrnai'n bell, yw i'r gwenyn flino ar geisio ymladd eu ffordd allan drwy'r ffenestri ac felly syrthio i'r llawr neu i goel y gyrrwr. Maent yn barod iawn wedyn i gripian i bob man, yn enwedig i fyny i'r llewys neu goes y trowsus a pheri chwyddi mawr efallai mewn man lle byddai ambell un yn ddigon balch er mwyn brolio wrth eraill! Un waith gwrthodwyd petrol i mi mewn garej, yn y dyddiau pan nad oeddech yn medru helpu eich hun wrth y pwmp. 'Dos o'ma, ti a'r picwn diawl,' oedd sgrech dyn y pwmp pan welodd gyrtens o wenyn yn hongian ar y ffenestr flaen.

Cwch a ddefnyddiais i am dros hanner can mlynedd yw'r Smith a enwyd eto ar ôl ei gynllunydd. Mae'n gwch sy'n cynnwys llawer o ragorfreintiau'r cwch Langstroth, yn gweddu i'r math o wenyna a wneir yng Nghymru ac yn rhwydd iawn i'r egin saer i'w gynhyrchu. Cefais fy nghyflwyno i'r cwch hwn gan dad-yng-nghyfraith i gymydog, a chan fod y cymydog hwnnw am gadw gwenyn hefyd fe'm denwyd i ddefnyddio'r un math o gwch. Wedi i ni adeiladu ein cychod ein hunain o dan gyfarwyddyd y tad-yng-nghyfraith, a phan ddaeth hwnnw wedyn ar ei wyliau, aethpwyd ati i chwilio am wenyn. Cefais haid gan gyfaill i mi, am ddim, chwarae teg. Yma rhaid diffinio yn union beth yw haid gan fod y gair yn cael ei ddefnyddio yn aml mor llac. I wenynwr profiadol, haid yw'r enw a roir ar filoedd o wenyn gyda'u brenhines sydd wedi gadael eu cartref gwreiddiol, am fod brenhines newydd wedi deor ac yn barod i orseddu yn yr hen gartref. Haid oedd honno a welais gynt ar y ddraenen ddu yn ôl ym more oes y trowsus byr. Dyma, yn syml, ffordd y gwenyn o gynyddu. Roedd yr haid a gefais yn anrheg, felly, yn un oedd wedi heidio, sef gadael ei hen gartref, ar y pumed o Ebrill. Pe bawn yn ailddechrau heddiw, ond gyda phrofiad hanner can mlynedd y tu ôl i mi,

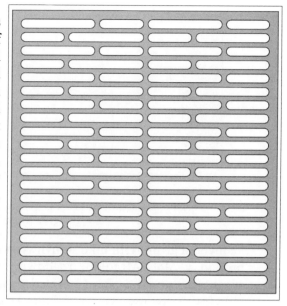

Y wahanlen sy'n cadw'r frenhines o fewn y bocs magu.

byddwn yn edrych yn ddigon angharedig ar haid yr amser yma o'r flwyddyn. Ran amlaf, mae haid o wenyn mor gynnar â hyn yn y flwyddyn yn golygu un peth, sef ei bod yn hanu o wenyn sydd yn dueddol o heidio. Dyw'r rhain ddim yn rhai delfrydol i hel mêl gan eu bod yn rhannu, trwy heidio o hyd ac o hyd, ac felly yn haneru nifer y gweithwyr i gasglu'r neithdar i wneud mêl yn ystod y tymor. Yn sicr doedd y rhain dim yn ddelfrydol i ddysgu nofis. O fewn dau dymor roedd gennyf lond pum cwch, neu bum stoc yn nhermau gwenynwyr, a hynny oddi wrth yr haid wreiddiol. Roeddent fel Cenedl Israel yn yr Aifft. Gyda'r gwenyn yma byddwn, ymhen rhai blynyddoedd, naill ai yn wenynwr mwyaf y wlad neu yn fethdalwr ond yn sicr heb ddim mêl. Cefais gyngor da gan weinidog o wenynwr, ac fel y byddech yn disgwyl oddi wrth un felly, ei gyngor oedd difetha'r gwenyn hynny i gyd fel a ddigwyddodd i Sodom gynt. Hynny a wnes, a chael haid oddi ar goeden afalau'r Samaritan hwnnw, a hynny am ddim unwaith eto.

A dweud y gwir, a chyfaddef wrth wenynwyr profiadol, mae'n siŵr fod yna lawer o fai arnaf fi; diffyg profiad oedd yn gyfrifol. Yn

Gofod y gwenyn, neu lwybr y gwenyn. Rhaid cael llwybr o gwmpas pob ffrâm ac yn gwbl gywir ei fesuriadau.

lle mynd a glynu wrth un o wenynwyr yr ardal hon, fel aralleiriad o brofiad y Mab Afradlon, roeddwn i a'm cymydog yn derbyn cynghorion ar sut a phryd i drafod y gwenyn oddi wrth y tad-yng-nghyfraith hwnnw yn yr Alban. Doedd yr un ohonom wedi sylweddoli fod ein tymor ni rai wythnosau o flaen y wlad honno. Wrth dderbyn cyngor tymhorol rhaid i'r prentis dderbyn cyngor y gwenynwr lleol. Mae mor bwysig deall yr arwyddion yn ôl y tymor a gofalu fod yna ddigon o le i ehangu ymlaen llaw. Efallai mai yn y maes yna y methais.

Yng nghyfnod y cwch gwellt – y sgep – roedd ceisio rhoi mwy o le i'r frenhines ddodwy yn gwbl amhosibl, ond nid felly gyda'r cwch modern. Dyw'r cwch modern yn ddim ond nifer o focsys, pedair ochr, heb na gwaelod na thop a gellir eu pentyrru ar ben ei gilydd yn ôl yr angen i gael rhagor o le.

Uwchben y llawr mae'r bocs mag *(brood box)*. Yn hwn, sydd tua naw modfedd o ddyfnder, y mae'r frenhines yn dodwy. Yma, felly, mae'r nyth lle dodwyir yr wyau mewn celloedd, yma y datblygant yn gynrhon ac yn ddiweddarach maent yn pryfenni neu'n chwileru *(pupate)* cyn deor yn wenyn cyflawn. Mae hyn yn unol â chwrs datblygiad y rhan fwyaf o bryfetach. Mae angen cadw'r frenhines o fewn y bocs magu er mwyn cadw'r mag oddi wrth y stôr fêl. Go brin y byddai cwsmer yn barod i brynu mêl wedi cael ei storio yng nghelloedd magu'r gwenyn. Er mwyn cyfyngu'r frenhines a'i hwyau felly defnyddir gwahanlen *(excluder)* ar ben y bocs mag. Dyw hon yn

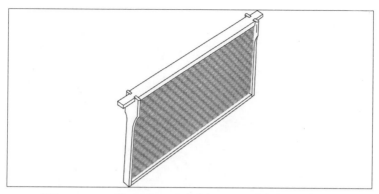

Ffrâm yn cynnwys llen o gŵyr yn barod i'r gwenyn adeiladu eu celloedd.

ddim mwy na gwagar o fetel gyda thyllau hir y medr y gwenyn fynd drwyddynt ac eithrio'r frenhines gan ei bod hi ychydig yn fwy.

Mae yna focsys llai yng ngwneuthuriad y cwch, sef y llofftydd mêl. Yn Saesneg mae iddynt enw anesboniadwy, sef *supers.* Mae'r rhain yn llai o ddyfnder na'r bocs mag – rhyw chwe modfedd o ddyfnder yn unig. Pwrpas y rhain yw storio'r mêl, allan o afael ac uwchben nyth y frenhines. Ar haf da, os bydd angen mwy o le i storio mêl gellir pentyrru'r rhain ar ben ei gilydd. Fe ddywedodd un gwenynwr wrthyf un haf da, ei fod yn gorfod mynd ag ysgol gydag ef at y gwenyn er mwyn rhoi rhagor o'r llofftydd mêl ar ben y cychod, oherwydd yr angen am ragor o le. Ond fel gyda physgotwyr does fawr o goel ar rai gwenynwyr! Clywais am un arall yn dweud fod olwyn ei whilber wedi camu'n ddwbwl wrth gario'r llofftydd mêl llawn o un cwch! Ambell waith mae angen mwy o le ar y frenhines i ymestyn y nyth a phryd hynny defnyddir llofft fêl ar ben y bocs magu dan y wahanlen. Gelwir y nyth hon yn 'un a hanner'.

Mae'r gwenyn bob amser yn storio'r mêl uwchben y nyth. Mae mor bwysig fod yna ddigon o le nid yn unig i storio'r mêl ond i'r gwenyn ifanc sy'n prysur gynyddu ym misoedd Ebrill, Mai a Mehefin. Onid oes digon o le yna mae tuedd i'r gwenyn orlenwi'r nyth a rhwystro'r frenhines rhag dodwy. Gall hyn esgor ar baratoi i heidio oherwydd diffyg lle ac felly wanhau'r cwch ar amser anghyfleus, ond rhagor am hyn yn y penodau nesaf.

Yng nghyfnod y cwch gwellt a hefyd pan mae'r gwenyn yn byw'n wyllt maent yn cael penrhyddid i adeiladu eu crwybr fel y mynnant

Gwenyn yn trin y cwyr â'u cegau i adeiladu celloedd.

ond rhaid i hyn fod dan reolaeth y gwenynwr yn y cwch modern. Rhaid i'r crwybr, ar ffurf fframiau, hongian oddi wrth ochrau'r bocs, fel y medr y gwenynwr eu tynnu allan yn gyfan a'u symud os bydd angen. Mae hyn bellach yn rhan o hwsmonaeth gwenyna. Rhaid hefyd i'r gwenyn gael llwybr o'u cwmpas, bob ochr, oddi tano, uwchben, a rhwng pob un. Gelwir y llwybr hwn yn 'gofod gwenyn' *(bee space)*. Mae angen i fesuriadau'r gofod hwn fod yn gwbwl gywir, sef 8mm neu ¼ modfedd, a hynny o drwch y blewyn mewn cywirdeb. Os yw'n fwy neu'n llai na hyn bydd y gwenyn yn ei gau gyda chrwybr nes glynu'r fframiau wrth ochr y cwch, neu wrth ei gilydd, gan ei gwneud bron yn amhosibl eu tynnu allan heb eu torri. Dyma un enghraifft o fanylder mesuriadau'r gwenyn; cawn ddarllen am eraill yn nes ymlaen.

Mae'r ffrâm wedi ei gwneud o bren tenau gan y gwenynwr gyda llen denau o gŵyr wedi ei gosod a'i hoelio yn y canol. Mae'r llenni cwyr hyn *(foundation)* wedi eu patrymu ar y ddwy ochor ar ffurf gwaelod y celloedd ac fe'u gosodir, nid oherwydd fod y gwenyn yn anabl i'w gwneud, hyd yn oed yn well na pheiriant y cwyrwerthwyr, ond am fod y gwenynwr am iddynt adeiladu eu fframiau yn syth ac union er mwyn gallu eu trafod yn rhwydd. Rhaid i'r sail batrymau hyn fod yn gwbwl gywir ac yn berffaith o ran ffurf gan fod mesuriadau'r gwenyn eu hunain yn gwbwl gywir a hynny heb fod ganddynt unrhyw ffon fesur. Os nad yw'r sail batrymau hyn yn fanwl gywir ni fydd y gwenyn fawr o dro cyn eu dinistrio a'u hailadeiladu yn ôl eu cywirdeb hwy. Er mwyn cryfhau'r llenni a'r fframiau mae'r gwenynwr yn toddi weiar yn ôl ac ymlaen i'r cwyr. Mae hyn yn cryfhau'r fframiau gorffenedig, eto er mwyn rhwyddineb eu trafod. Yn aml bydd fframiau'r nyth yn dal tri neu bedwar pwys o fag, paill a mêl a bydd angen i fframiau'r llofftydd mêl fod yn ddigon cryf i wrthsefyll eu corddi'n gyflym i gael y mêl allan.

Mae'r rhan fwyaf o'r cychod yn cynnwys tua un ar ddeg ffrâm a'r rheiny wedi eu trefnu yn y fath ffordd fel bod yna'r un gwagle rhyngddynt. Yma eto mae'n rhaid i'r mesuriadau fod yn gywir neu fe fydd y gwenyn wedi mynnu eu ffordd eu hunain a chlymu'r fframiau wrth ei gilydd gan fod yn rhwystr i'r gwenynwr wrth eu trafod. Rhaid i'r gwagle rhwng pob ffrâm orffenedig fod yn ddigon mawr i alluogi dwy wenynen i fynd heibio'i gilydd, gefn-yng-nghefn, wrth wneud eu gwaith. Hynny a dim mwy. Dyw rheolau ein traffig ni ddim yn ddigon cywir i'r gwenyn; does dim angen i'r wenynen symud o'r neilltu i adael gwenyn eraill i fynd heibio, gan fod lled y ffordd wedi ei fesur i'r filfed. Mae'r gwagle rhwng y fframiau yn y llofftydd mêl yn gulach. Dim ond lle i un wenynen fynd heibio sydd yma oherwydd unwaith mae'r celloedd wedi eu llenwi â mêl a does dim angen rhyw lawer o fynd a dod.

Mae'r cwyr i adeiladu'r celloedd ar y llenni yn cael ei gynhyrchu gan y gwenyn eu hunain mewn chwarennau o dan eu boliau, y thoracs. Rhaid iddynt fwyta llawer o fêl, o ddau i bedwar pwys, i gynhyrchu pwys o gŵyr. Mae hwn, sydd ar ffurf cen, yn cael ei fowldio gan y gwenyn i wneud y celloedd. Er mwyn ei gryfhau cymysgir ef gyda phropolis, sef hylif gludiog a gesglir oddi ar goed. Down ar draws y glud hwn eto yn nes ymlaen. Ffurfir y celloedd gydag ychydig oledd tuag i fyny. Ni wyddom yn iawn y rheswm am hyn, ond yn sicr nid er mwyn cadw'r mêl rhag llifo allan gan na ddigwydd hyn hyd yn oed pan fydd y celloedd yn llawn. Dyma eto un arall o ryfeddodau pensaernïaeth y gwenyn. O droi unrhyw lestr llawn hylif ar ei ochr fe lifa'r hylif i gyd allan ohono ond ni red y mêl allan o'r celloedd er bod y rhain, fwy neu lai, yn union ar eu hochrau.

Cawn drafod yn nes ymlaen y gwahanol gelloedd, sef celloedd lle megir y gwenyn benywaidd, celloedd lle megir y gwenyn gwrywaidd a hyd yn oed celloedd lle megir y breninesau. Darllenais yn rhywle fod yna fathemategydd pur enwog wedi mynd ati i fesur cywirdeb celloedd y gwenyn. Darganfu, ac yn wir aeth ati i draethu, nad oedd y gwenyn mor gywir yn eu mathemateg a'u mesuriadau ag y tybid. Ond wrth wneud rhyw ymchwil yn ddiweddarach sylweddolodd mai ei offer ef oedd yn anghywir. Bu'n rhaid iddo ymddiheuro a thynnu ei hat i'r gwenyn.

Mae'r celloedd yn cynnwys chwe ochr ac mae'n debyg yn ôl peirianwyr mai dyma'r math o ffurf cryfaf posibl. Mae'r ffurf yma yn gweddu, yn arbennig i'r gwenyn gan fod angen cryfder mewn rhywbeth mor ddiymddal â chwyr. Mae'n debyg y byddai ffurf sgwâr gryn dipyn yn wannach a heb fod yn gweddu i ffurf siâp y cynrhonyn a'r pryfenni ac felly yn wastraffus mewn lle. Felly hefyd y cylch gan

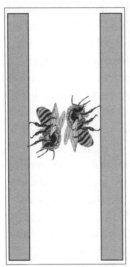

na fedrir uno'r rhain wrth ei gilydd heb wastraffu gofod rhyngddynt. Mae gwneuthuriad y celloedd yn gwbwl bwysig oherwydd fel y gwelir yn y penodau sy'n dilyn mae holl weithgarwch y cwch yn digwydd o fewn y celloedd hyn. Dyma grud y magu, pantri'r paill a chwpwrdd y mêl.

Dyna ddigon am y bensaernïaeth. Dowch i'r bennod nesaf i gael cyfarfod â deiliaid y cwch. Cewch eich cyflwyno iddynt y tro hwn heb unrhyw berygl na brathiad.

Dim ond yr union le i wenyn weithio gefn-yng-nghefn sydd ei angen rhwng y fframiau.

Y Plant – Magu Gwenyn

Nid cywirdeb mesuriadau yn unig yw maes mathemateg gwenyn. Sylwch ar y rhifau hyn: 3, 6, 9, 15, 21 a 24. Nid ymgais sydd yma ar gael y rhifau'n gywir i ennill y Jacpot ond yn hytrach rifau sydd yn ymwneud â datblygiad magwraeth gwenyn. Rhaid i bob gwenynwr da fod â'r rhain ar flaen ei fysedd os yw am gydweithio a chael y gorau allan o'i wenyn. Mae gwenyna yn golygu cydweithio gyda'r gwenyn, cadw at eu harferion a'u trefn naturiol a pheidio byth â cheisio tynnu'n groes. O geisio'i ffordd ei hun mae'r gwenynwr yn sicr o fethu er colled iddo ef a'r gwenyn.

Fel ym mhob crefft mae'n rhaid cael gweithwyr. Y rhain sydd fwyaf niferus yn y cwch o lawer, a diolch am hynny. Mae yna leiafrif sy'n hoffi segura, cofier, ond mae'n rhaid i'r rhain dalu'r pris am hynny yn y diwedd. Ganol haf, mewn stoc gref, mae yna tua hanner can mil o weithwyr ac mae ganddynt oll eu gwaith arbennig yn ôl eu hoedran a phob un yn cydweithio mewn heddwch perffaith heb gŵyn na grwgnach nac undebau. Pob un ohonynt yn ferched.

Mae yna stori, sydd mae'n debyg yn wir, am lythyr a ymddangosodd yn un o'r papurau Saesneg yn nhridegau'r ganrif ddiwethaf. Roedd yna drafodaeth eithaf brwd wedi ymddangos yn y papur hwnnw ynglŷn â chyflogau teilwng i ferched. Ymddangosodd nifer o lythyron dros ac yn erbyn hyn, a sylwyd ar un yn arbennig oedd yn frwd iawn o blaid. Roedd y llythyr wedi ei arwyddo gan berson oedd yn honni mai ef oedd y cyflogwr mwyaf o'r rhyw fenywaidd yn y wlad gan faentumio ei fod yn cyflogi nid cannoedd a miloedd ond miliynau o ferched. Roedd perchnogion prif ddiwydiannau'r wlad yn crafu eu pennau wrth geisio meddwl pwy oedd y gŵr, ac yn rhyfeddu na fuasent wedi clywed am y fath gyflogwr. Daeth y gath allan o'r cwd pan sylweddolodd rhywun, digon di-nod, mai gwenynwr oedd awdur y llythyr a chanddo ddegau o gychod yn llawn o ferched gweithgar!

Doedd yr un o'r merched hyn wedi ei danfon i'r cwch gan unrhyw swyddfa waith na chwaith wedi cael ei gorfodi gan lywodraeth y dydd. Dechrau'r miloedd oedd ŵy, neu yn hytrach

Y frenhines wedi dodwy ŵy ym mhob cell.
Llun: Arwyn Davies

wyau a ddodwyd gan y fam, sef y frenhines. Cawn ei hanes hi yn nes ymlaen; dyw hi ddim mor freiniol ag y tybir yn aml ond mae'n rhaid wrthi. Dodwyir un ŵy ym mhob cell, rhai cannoedd, hyd yn oed filoedd bob dydd yng nghanol y tymor magu ym Mai a Mehefin, a chyfanswm pwysau'r rhain bob dydd yn fwy na phwysau ei chorff ei hun. Hyd y gwyddom nid yw'r gwenyn yn gwneud fawr o sylw o'r wyau yn y celloedd yn y cyfnod cynnar. Saif y rhain ar eu pennau yn y gell ar y dechrau gan eu bod yn cael eu gludo i'r gwaelod ond, yn ddiweddarach, byddant yn gorwedd ar eu hochrau ar waelod y gell.

Er nad yw'r gwenyn yn gwneud fawr o sylw ohonynt eto i gyd mae rhywbeth yn digwydd o'u mewn yng ngwres parhaol y nyth. Yn sydyn, ar ôl tri diwrnod, mae'r ŵy yn troi'n gynrhonyn. Dyma ni wedi datgelu cyfrinach y rhif tri a nodyd ar ddechrau'r bennod – un o rifau cyfaredd y gwenyn. Mae pob ŵy yn newid yn ddirgel o'u cadw mewn man a gwres arbennig. Cofiaf gael ŵy wedi'i ferwi mewn un lle pan oeddwn yn grwt. Wedi mynd yno i chwarae gyda phlant y lle roeddwn i a chael fy mherswadio i aros am rywbeth i'w fwyta. Ar ôl torri pen yr ŵy beth oedd yn edrych arnaf ond pig a phen cyw bach. Y plant lleiaf wedi bod yn hela wyau ac wedi dod o hyd i nyth mewn clawdd yn llawn wyau ac yna wedi hysian yr iâr i ffwrdd, dod â'r darganfyddiad i'r tŷ heb ddweud dim wrth y fam. O'r ŵy hwnnw daeth cyw – ac o ŵy brenhines daw cynrhonyn.

Mae'r ŵy a'r cynrhonyn yn eithriadol o fach ac yma mae'n fantais i wenynwr canol oed a hŷn ddechrau dysgu prentis. Dyma'r ffordd y dysgodd y rhan fwyaf ohonom ddirgelion y cwch. Ym myd gwenyna does dim addysg debyg i addysg brofiad. Mae'n fantais fawr i gael prentis ifanc gyda'i lygaid sy'n ddigon craff i weld yr wyau a'r cynrhon mân ar waelod y celloedd ac felly bodloni'r profiadol, pŵl ei lygaid fod yna frenhines, heb orfod dod o hyd iddi, o fewn y cwch. Dyna ffordd prentis i dalu am ei ddysgu.

Os yw'r cynrhon newydd-anedig yn fach fyddan nhw fawr o dro cyn tyfu. Cânt eu bwydo ddegau o weithiau bob dydd a nos gan y gwenyn ifanc o fewn y cwch. Gwenyn tuag wythnos oed yw'r gweinyddesau oherwydd yn yr oed yma mae yna chwarren yn y corff, y chwarren ffaryngol, sydd yn medru cynhyrchu ensym arbennig i'w gymysgu

Cylch o gelloedd ar fin deor. Gwelir o'u cwmpas gylch o gynrhon eto heb eu selio.

Llun: Arwyn Davies

gyda mêl a phaill i fwydo'r cynrhon. Unwaith y tyfa'r gwenyn ifanc hyn yn hŷn nid yw'r chwarren hon yn abl i gynhyrchu'r sudd cystal, os o gwbl. Rhaid gweini ar y rhai bach yn ddiddiwedd a hynny drwy fynd yn ôl a blaen â bwyd iddynt yn barhaus. Meddyliwch am y gwasanaeth sydd ei angen a hynny i filoedd o gynrhon bach bob dydd am chwe diwrnod.

Slawer dydd, pan oedd y teuluoedd yn fawr, gyda deg i ddwsin o blant yn aml o bob oed, roedd y mamau bob amser yn dweud mai magu'r pedwar cyntaf oedd y gwaith caled. Roedd y lleill ar ôl hynny yn aml yn cael eu hanner magu gan y plant hŷn. Felly, mewn ffordd, y mae hi ym myd y gwenyn; y gwenyn wythnos oed neu ychydig yn fwy yw'r rhai sy'n bwydo'r babanod trwy baratoi'r bwyd a'u bwydo. Plant yn magu plant.

Ar ôl chwe diwrnod fel cynrhon mae yna newid mawr yn digwydd, hynny yw, y nawfed diwrnod ar ôl dodwy'r ŵy. Dyma ddau arall o'r rhifau cyfrin. Mae'n siŵr fod rhywrai yn gofyn erbyn hyn pam fod y rhifau cyfrin hyn mor bwysig? Wel, ar y dyddiadau hyn fe all y broses o fagu gweithwyr gael ei gwyrdroi os bydd yna argyfwng o fewn y cwch, fel colli'r frenhines. Mae'r dyddiadau hyn, a dim ond y rhain, yn medru bod o fantais hefyd i'r gwenynwr wrth drafod neu wrth gynyddu nifer ei gychod. Digon am hynna am nawr.

Mae'r cynrhon bellach ar y chweched diwrnod wedi tyfu mor

Cylch o wenyn ifanc yn llyfu'r sylwedd oddi ar gorff y frenhines.

fawr nes llenwi'r gell. Yn wir, maent yn tyfu ddegau o weithiau eu maint bob dydd – pa ryfedd yn wir pan maent yn cael eu bwydo ddydd a nos. Nawr mae'n amser eu cloi yn eu cell trwy roi caead o gŵyr ar ben pob cell. Yma y byddant yn gwau côt amdanynt eu hunain ac yn pryfenni am ddeuddeg diwrnod. Tair wythnos union o'r dydd y dodwyd yr ŵy bydd gwenynen fach newydd yn cnoi ei ffordd allan drwy'r cap o gŵyr. A dyma un arall o'r rhifau pwysig i'r gwenynwr. Daw'r wenynen newydd allan o'i chell yn llwyd a gwlyb a braidd yn feddw ar ei thraed ond buan y bydd yn sychu a chael ei thraed tani. Yna rhaid mynd ati i weithio!

Meddyliwch am orfod gweithio ar ddiwrnod eich genedigaeth, o'r funud y cawsoch eich geni! Does ryfedd ein bod yn edmygu diwydrwydd gwenyn. Rhaid i'r wenynen fynd ati ar unwaith i gyflawni'r dyletswyddau arbennig a drefnwyd ar ei chyfer, sef glanhau'r celloedd. Eu glanhau nes y byddant yn sgleinio er mwyn i'r frenhines, pan ddaw heibio yn ei thro, ailddodwy ynddynt. Does dim pwrpas cadw'r crud yn wag pan mae angen rhagor o blant a hithau'n ganol haf. Meddyliwch am orfod tannu eich gwely a'i lanhau o fewn munudau i gael eich geni!

Fel y nodwyd mae cyfnod y bwydo yn dilyn ac yna daw'r fraint a'r anrhydedd o weini ar y frenhines. Mae hyn yn dwyn i gof yr hyn a glywais gan wraig oedrannus, am ei phrofiad fel morwyn yn un o dai byddigions y fro. Bu wrthi yn y gegin am ddeng mlynedd cyn iddi gael y fraint o roi ei phen drwy ddrws stafell fwyta'r sgweier a'i wraig. A hynny ddim ond i gario'r llestri brwnt allan i'r gegin. Tipyn gwahanol yw hi ym myd y gwenyn. Gweini ar ei mawrhydi a hwythau ond yn ddeg diwrnod oed!

Nid dyrchafiad ond trefn yw hyn. Rhaid bellach fod ar alwad y frenhines yn gyson gyda nifer go dda o wenyn ifanc eraill ar ffurf cylch o'i chwmpas yn barod i weini arni. Roedd yr hen wenynwyr, yn eu llyfrau ac ar lafar, wedi sylwi ar hyn ac yn esbonio mai'r rhain oedd morynion y frenhines, yn ei chyffwrdd yn barhaus gyda'u teimlyddion *(antenna)* a'u tafodau. Pwrpas hyn meddent oedd gweini arni a'i chadw'n lân. Erbyn hyn rydym yn gwybod yn well. Mae'r broses o deimlo a llyfu'r frenhines yn gwbl sylfaenol i fywyd a dyfodol y cwch. Dyma un o ddarganfyddiadau mawr byd y gwenyn.

Mae'r colyn yn dal i chwistrellu'r gwenwyn ar ôl i'r wenynen hedfan i ffwrdd i farw.

Mae'r frenhines yn medru cynhyrchu ensym arbennig drwy chwarennau yn ei chorff sydd yn cael ei lyfu'n barhaus gan y cylch gwenyn ifanc o'i chwmpas. Dyma ni eto ym myd y fferomonau – rhywbeth y down ar ei draws o hyd ac o hyd. Yr enw a ddefnyddir yn gyffredin ar y sudd hwn yw 'sylwedd y frenhines' *(Queen's substance)*. Ar ôl llyfu'r sudd mae'r morynion yn y cylch yn trosglwyddo'r blas yma i'r gwenyn eraill o'u cwmpas. Ie, blas yn unig gan nad yw ond ychydig. Felly, o wenynen i wenynen, mae blas 'sylwedd y frenhines' yn cael ei ledaenu drwy'r holl gwch a hynny'n barhaus a phob gwenynen yn cael cyfran ohono.

Dyma'r ffordd i gadw'r teulu gyda'i gilydd; 'Mi a dynnaf bawb ataf fy hun.' Cyn belled â bod pawb yn cael blas y sylwedd yn barhaus mae'r teulu'n sylweddoli fod popeth yn dda a bod ei mawrhydi, y fam, yn bresennol. Os yw'r sylwedd yn prinhau yna bydd rhaid i'r awdurdodau o fewn y cwch wneud trefniadau i newid y frenhines. Os metha'r frenhines yn gyfan gwbl yna bydd yn argyfwng am gyfnod a bydd rhaid i'r awdurdodau ddechrau ystyried o ddifrif beth i'w wneud. Siawns y daw popeth yn iawn yn hwyr neu'n hwyrach os yw'r tywydd ac amser y flwyddyn yn caniatáu. Cawn drafod hyn yn nes ymlaen.

Mae hyn yn codi pwynt diddorol sydd yn drech na holl wybodusion byd y gwenyn. Pwy neu beth sy'n rheoli? Yn sicr nid y frenhines er cystal yr enw. Pwy sy'n dosbarthu'r gwahanol

Y gwylwyr wrth y drws. Nid ar chwarae bach mae mynd heibio'r rhain.

weithgarwch a phenderfynu pa bryd, yn ôl yr oedran, y dylid gwneud y gorchwylion? Pryd mae'r amser wedi dod i heidio neu i newid y frenhines a chant a mil o benderfyniadau eraill? Ambell dro, pan mae pethau'n mynd o chwith, bydd yn rhaid i'r gwenyn hynny sydd wedi datblygu'n helwyr, droi yn ôl at waith o fewn y cwch. Hefyd ar adegau o brysurdeb mawr, gyda'r neithdar yn llifo i mewn, rhaid bydd i'r gwenyn ifanc wneud gwaith allan yn y caeau a'r cloddiau. Pwy sy'n trefnu? Dywed rhai taw greddf sy'n rheoli'r cyfan. Go brin mai felly y mae, gan fod gwenyn yn medru newid y gorchwylion ar adegau pan fydd angen mwy o weithwyr fan hyn a fan arall. Prin y byddai greddf yn medru rhesymu fel hyn. Rwyf wedi sylwi droeon pan gerdda haid i mewn i gwch, ac yn siŵr mae gwenynwyr profiadol eraill wedi sylwi ar yr un peth, fel y mae rhai gwenyn yn sefyll yn eu hunfan tra mae eraill yn cerdded dros eu pennau yn eu brys i fynd i mewn i'r cwch. Efallai fod yna rai yn y teulu yn fwy pwysig na'i gilydd. Mae un ysgrifennwr, yn Saesneg, yn hawlio mai 'meddylfryd y cwch' sy'n rheoli er nad yw'n ceisio esbonio hyn. Erys yn un o'r cyfrinachau mawr i'w hesbonio yn y dyfodol.

Daw'r gwaith o weini ar y frenhines i ben oherwydd bod y wenynen erbyn hyn, yn ôl ei hoedran, yn abl i gynhyrchu gwenwyn ac i frathu. Dywedir gan rai arbenigwyr fod gwenwyn y gwenyn, o'i gymharu faint am faint, ddeng gwaith cryfach na gwenwyn y neidr fwyaf gwenwynllyd. Nid chwarae plant yw eu pigiadau oherwydd gall fod yn boenus iawn i'r rhan fwyaf o bobl ac yn angau i ryw ychydig. Mae'n medru cynhyrchu sioc a elwir yn sioc anaffylactig mewn rhai pobl a rhaid cael triniaeth ar unwaith. Fe ddylai pawb sydd wedi cael rhybudd o hyn gario chwistrelliad o adrenalin gyda hwy bob amser ac, ar ôl gorfod ei ddefnyddio, ymorol am ysbyty mor fuan â phosibl. Rwy'n rhoi'r rhybudd, o brofiad, gan fod dau yn y teulu yn dioddef o'r fath gyflwr. Mae'r gwenynwr profiadol, o fynych gael ei frathu heb unrhyw effaith drwg, yn magu imiwnedd i'r gwenwyn er ei fod yn teimlo'r pigiad fel pawb arall ond heb i'r cnawd o amgylch y brathiad chwyddo.

Cofiaf ymweld ag Ysbyty Guys yn Llundain gydag aelod ifanc o'm teulu, i weld arbenigwr. Y diwrnod hwnnw roedd yna arbenigwr byd-enwog o Siapan yn digwydd bod yno a chawsom gyfle i gael trafodaeth gydag ef. Roedd yr arbenigwr hwn yn gwneud gwaith ymchwil ar waed – gwaed y rhai oedd yn dioddef o wenwyn gwenyn a gwaed y rhai oedd ag imiwnedd iddo. Cymerodd ychydig o'm gwaed i ac ymhen rhai dyddiau derbyniwyd llythyr oddi wrtho yn nodi bod fy ngwaed i yn cynnwys *'more bee venom than blood'*!

Ond yn ôl at y gwenyn a'u gwaith. Gan fod eu gallu i frathu bellach yn rhan o'u cyneddfau maent bellach yn gwasanaethu fel goruchwylwyr y cartref. Rhaid bydd arogli a theimlo, gyda'r teimlyddion, bob gwenynen fydd am ddod i mewn i'r cwch ac i gadw pawb a phopeth arall allan. Ambell waith gall fod yn frwydr hyd farw, yn enwedig yn y gwanwyn cynnar a'r hydref pan fo'r neithdar yn brin. Erbyn yr hydref mae'r neithdar wedi sychu yn y blodau ac felly mae yna barodrwydd mawr i ddwyn oddi ar ei gilydd, yn enwedig os bydd ambell stoc braidd yn wan ac felly heb y nifer i amddiffyn eu stôr. Rwyf wedi sylwi ar rywbeth digon anghyffredin pan mae gwenyn yn dwyn oddi wrth ei gilydd. Unwaith y byddant wedi dwyn yn helaeth oddi wrth gwch arall a'r gwenyn hynny'n methu bellach ag amddiffyn eu hunain mae'r rheiny wedyn yn ymuno yn y dwyn, ac yn uno gyda'r lladron. Rywfodd mae yna ddihareb yn hynna: pan mae dyn neu genedl yn colli'r dydd yna mae yna duedd i dorri calon a mynd i gefnogi'r un sydd yn gorthrymu. Tybed a yw hyn i'w ganfod mewn rhai mannau yn ein gwlad lle mae'r iaith a chrefydd o dan warchae?

Mae yna eithriadau i'r gwrthod croeso wrth y drws, yn enwedig ganol haf pan mae'r gwaith o gario'r mêl ar ei fwyaf diwyd. Os daw gwenynen o gwch cyfagos at y fynedfa a honno'n cario llond ei chrombil o fêl, yna fe gaiff groeso ond gwae unrhyw un sydd yn dod yn waglaw. Lladron yw'r rheini gan amlaf gydag arogl cwbl wahanol i ddeiliaid y cartref.

Erbyn hyn mae'r wenynen yn dair wythnos oed a'r amser wedi dod bellach iddi fynd allan i hela. Ond cyn gwneud hyn mae'n rhaid iddi adnabod y cartref o'r tu allan a gwybod yn iawn lle mae ei safle; angau fyddai ei thynged o wneud camsyniad a mynd i gwch arall. Ofer fyddai hedfan allan i'r caeau heb wybod yn union fan a mynediad y cartref. Felly mae'n rhaid cael cyfnodau o hedfan yn ôl a blaen o flaen y cwch fel bod ei ffurf a'i safle wedi eu serio yn y cof. Bydd wedi bod yn gwneud hyn rai troeon yn gynt pan oedd yna gyfnodau segur yn ystod eu hamrywiol weithgarwch.

Fe all y cof hwn fod yn rhwystr ac ar brydiau yn fantais i'r gwenynwr. Er enghraifft, mae'n berygl symud y cwch i safle newydd oherwydd pan ddychwel y gwenyn ar ôl bod allan yn hedfan dônt yn ôl i'r union fan lle'r oedd y cwch yn arfer bod. Os yw'r safle newydd o fewn tua thair llath yna, ar ôl cryn chwilio'n llawn ffws a ffwdan, fe ddaw popeth yn iawn. Os yw'r symudiad wedi bod yn fwy na hyn yna mae perygl i'r gwenyn farw yn yr hen safle yn ddi-gwch. Y cyngor wrth symud gwenyn bob amser yw tair llath neu dair milltir. Tair milltir, am fod hyn y tu hwnt i'r ardal lle bu'r gwenyn yn hedfan wrth gasglu neithdar ac felly mae'n wlad ddieithr iddynt. Go brin y byddai'r un ohonom yn mynd llwrw ein pennau i rywle mewn dinas ddieithr heb nodi rhyw fannau cofiadwy ar y ffordd i'n galluogi i ddod 'nôl i'r man lle y dechreuwyd. Felly'r gwenyn mewn lle dieithr; maent yn ailserio'r amgylchfyd yn y cof. Hanner can mlynedd yn ôl, pan oedd y gaeafau lawer iawn caletach nag y maent heddiw, roedd yn bosibl achub mantais i symud y gwenyn ar gyfnod hir o dywydd rhewllyd pan na fyddent wedi hedfan am rai dyddiau. Mae gwenyn, ar ôl cael eu caethiwo gan y tywydd neu'r gwenynwr, yn ailfarcio'u cartref pan ânt allan ar ôl cyfnodau hir o gaethiwed.

Mewn sefyllfaoedd fel hyn mae gan y gwenyn wasanaeth 'get you home' sydd yn medru bod yn effeithiol iawn. Ar ben ôl y corff, y thoracs, mae yna chwarren, chwarren y Nasonov, sydd yn cynhyrchu arogl 'dowch yma' neu 'dowch adref'. Defnyddir yr arogl hwn i ddenu'r gwenyn, sy'n tueddu i fod ar goll, yn ôl i'r cartref os oes yna ryw symud wedi bod. Gwnânt hyn trwy fachu eu traed ar y llawr neu ochr y cwch ac yna ffanio gyda'u hadenydd i chwythu'r arogl yn ôl i ddangos y ffordd i eraill. Mae gallu'r gwenyn i arogleuo yn gryf iawn a buan y byddant wedi ffroeni'r arogl a'i ddilyn i'r cartref. Mae yna chwarennau hefyd yn y traed sy'n dangos y ffordd adref − rhyw ddilyn ôl traed yn llythrennol ac mae'r arogl hwn eto yn cael ei ledaenu ar lawr ac ochrau'r cwch.

Mae yna adegau pryd y mae'r gwenynwr yn medru defnyddio'r reddf 'dowch yma' o'i blaid ond mae angen bod yn ofalus a phrofiadol pan wneir hynny. Er enghraifft yn y gwanwyn, pan welir bod ambell stoc yn wannach na'i gilydd medr y gwenynwr profiadol

Y chwaren Nasonov yn y rhan-ôl. Mae arogl hon yn cael ei ffanio i alw'r afradloniaid tua thref.

gyfnewid lle cwch gwan gyda lle un cryfach er mwyn llywio gwenyn y cwch cryf i'r cwch gwan. Gan fod cymaint o lif o wenyn dieithr yn dod trwy fynedfa'r cwch gwan ni fedr gwylwyr y cwch hwnnw eu rhwystro ac ymhen rhai oriau bydd popeth yn gartrefol. Rhaid pwysleisio, serch hynny, fod angen profiad i wneud hyn ac angen archwilio'r stoc wan trwy wneud yn siŵr fod y frenhines sydd yno yn abl i gynnal y cartref. Rhag ofn i'r frenhines gael ei lladd gan y llif ymwelwyr byddai'n ddoeth i'w rhoi mewn caets i'w rhyddhau gan y gwenyn eu hunain ymhen ychydig amser.

Rwyf wedi defnyddio'r reddf hon ambell dro pan fydd gwenyn un cwch yn dwyn oddi ar gwch arall yn y gwanwyn neu'r hydref. Cyfnewidir safle'r ddau gwch ac o'r herwydd bydd y gwenyn wedi drysu'n lân a'r lladrata wedi darfod.

Yn nesaf, down at y prif waith, sef casglu neithdar a'i droi'n fêl. Yma mae'n briodol cofio mai casglu mêl ar gyfer dyfodol y cwch a wna'r gwenyn ac nid er mwyn darparu nodd a maeth i ni. Lleidr yw'r gwenynwr a rhaid iddo fod yn foneddigaidd wrth ladrata gan adael digon ar ôl i gynnal y gwenyn tan ddaw'r cynhaeaf nesaf. Dwyn y mêl sy'n sbâr yn unig yw'r hyn a wneir gan wenynwyr cyfrifol.

Amser Chwarae a Dawnsio

Mae wedi cymryd mwy na hanner oes i'r gwenyn gyrraedd y fan lle maent yn barod i fynd allan i gasglu neithdar. Erbyn hyn maent wedi hedfan droeon yn ôl ac ymlaen o flaen eu cartref ac wedi cymryd ambell sgawt dipyn pellach. Nawr mae'n amser i'r gwaith caled ddechrau. Gall y gwaith o gasglu neithdar fod yn dreth fawr ar eu cyrff, yn enwedig ar yr adenydd, yn gymaint fel mai dim ond rhyw dair wythnos o oes casglu sydd ar ôl. Mae caledwch y gwaith yn dibynnu'n llwyr ar yr amser o'r flwyddyn ac ar y tywydd. Ganol haf, a'r tywydd yn braf, yn enwedig os bydd yn fwll a chlòs, bydd y neithdar yn llifo yn y blodau. Rhaid bydd achub mantais ar y tywydd a'r llif neithdar i weithio o fore gwyn tan nos. Bydd angen hedfan milltiroedd yn ôl ac ymlaen gyda'r adenydd, ymhen rhai dyddiau, wedi briwio a rhwygo, yn enwedig yr adain fawr. Mae gan wenyn ddau bâr o adenydd. Mae i bob pâr adain fawr ac adain fach. Pan nad yw'r wenynen yn hedfan fe guddir yr adain fach o dan yr un fawr. Wrth hedfan mae yna fachau ar yr adenydd i gydio yn ei gilydd i roi mwy o arwynebedd i'r adain. Symudiad yr adenydd sy'n cynhyrchu'r sŵn hymian wrth hedfan.

Mae'n bwysig i'r gwenynwr sylweddoli fod rhan helaeth o oes gwenyn yn yr haf wedi ei dreulio cyn iddynt ddechrau hel neithdar. Os yw'r gwenynwr am geisio cael cynhaeaf o fêl o goed a blodau'r gwanwyn yna rhaid iddo geisio symbylu'r gwenyn i ddechrau magu o ddifrif ddechrau Mawrth – chwe wythnos cyn y bydd blodau'r gwanwyn yn rhoi eu neithdar. Mae'r un mor bwysig hefyd iddo gofio nad yw cael stoc o wenyn ar eu cryfaf erbyn canol Awst o fawr werth gan y bydd y tymor drosodd erbyn hynny oni fydd am geisio cynhaeaf o'r grug. O awr dodwy'r ŵy fe gymer chwe wythnos cyn y bydd y wenynen yn alluog i gasglu neithdar. Rhaid i'r gwenynwr gofio hyn wrth baratoi ei wenyn at y cynhaeaf.

I'r rhan fwyaf o wenynwyr Cymru, mae'r cynhaeaf yn cael ei gasglu ym misoedd Mehefin, Gorffennaf a hanner cyntaf Awst, fwy neu lai er, wrth gwrs, mae yna beth amrywiaeth yn ôl y tymhorau. Mae'n bwysig, felly, cael y gwenyn ar eu cryfaf erbyn y cyfnod yma.

Gan amlaf mae'r gwenyn yn defnyddio paill a neithdar planhigion y gwanwyn i gryfhau erbyn hyn ond mae angen cadw llygad ar bethau. Mae'n bosibl i'r gwenynwr amrywio ychydig ar gryfder y gwenyn trwy eu hannog i gryfhau'n gynt yn y tymor neu hyd yn oed eu dal yn ôl, ond mae angen profiad helaeth wrth wneud hyn neu fe all pethau fynd o chwith. Cydweithio rhwng gwenynwr a gwenyn yw'r grefft a pheidio â thynnu'n groes. Mae mwy mewn gwenyna na 'chadw gwenyn'.

Casglu neithdar o flodau'r coed afalau.
Llun: Richard Lewis

Er bod yr amser wedi dod i'r wenynen fynd allan i hela mae yna rai gwersi pwysig i'w dysgu eto, efallai'r rhai pwysicaf oll. Mae angen dysgu adnabod arwyddion a gyflwynir gan wenyn hŷn, er mwyn hwyluso'r gwaith o gasglu paill a neithdar. Gall peidio â dysgu fod yn angheuol.

Thâl hi ddim i ruthro allan ben bore a hedfan a hedfan yn y gobaith o ddod o hyd i rywbeth i'w gasglu. Na, rhaid arbed egni bob amser a gwneud y gwaith mor effeithiol a threfnus ag sy'n bosibl. Mae'r tymor yn fyr, mae'r oes i gasglu yn fyr, mae cymaint o waith i'w wneud ac felly rhaid arbed egni. Fel mae angen petrol ar gar modur felly hefyd mae angen egni i hedfan. I'r gwenyn daw'r egni o fwyta ychydig o'r mêl a'r paill sydd yn y cwch cyn gadael ar bob siwrnai. Mae siwrneion di-fudd yn defnyddio peth o stôr y cwch. Felly rhaid i bob siwrnai gyfrif.

Ben bore ar doriad gwawr, os yw'r tywydd yn caniatáu, mae yna nifer o sgowtiaid, sef y gwenyn mwyaf profiadol, yn gadael y cwch. Eu swyddogaeth yw chwilio am blanhigion sy'n rhoi llif o neithdar. Rhaid cofio fod yna wahaniaeth mawr yn nodd y neithdar sy'n cael ei gynhyrchu gan y gwahanol blanhigion. Mae neithdar ambell blanhigyn yn llawer mwy dwys nag eraill ac felly'n cael lle blaenllaw gan y sgowtiaid. Mae dwyster y neithdar yn medru dibynnu ar nifer o bethau heblaw'r math o blanhigyn. Gall tymheredd, sychder, y

Y ddawns sigl-di-gwt.

math o ddaear – cleiog neu garegog – amser o'r dydd, a nifer eraill o wahaniaethau effeithio ar gryfder y siwgr yn y neithdar.

Ar ôl i'r sgowtiaid ddarganfod y neithdar rhaid fydd symud o flodyn i flodyn nes llanw'r stumog fêl. Yr un pryd rhaid gadael 'arogl ôl traed' – ie, math o fferamon eto, ar bob blodyn sydd wedi cyfrannu neithdar. Bydd y gwenyn eraill, pan ddônt, yn gwybod yn iawn pa flodyn i fynd iddo a pha un i'w wrthod. Mae'n bwysig cofio mai dim ond i'r un math o flodau yr â'r gwenyn iddo ar y daith yma. Hynny yw, os meillion gwyn yw'r ffefryn y tro yma yna meillion gwyn yn unig a fynychir gan yr ymwelwyr. Gwelir pwysigrwydd hyn pan ddeuir i drafod peillio.

A'r stumog fêl yn llawn, rhaid i'r sgowtiaid droi tuag adref, sef yn ôl yr un ffordd ag y daethant trwy ddilyn rhyw res o goed neu shetin. Maent wedi nodi yn y cof yn ystod y daith ryw fannau hynod, boed yn adeilad neu fwlch, yn goeden neu ffordd, fydd yn gymorth ac yn gysgod wrth ddychwelyd yn ddiogel i'w cartref. Yn ystod y daith rhaid dechrau trawsnewid y neithdar i fêl trwy ychwanegu ato gynnyrch y gwahanol chwarennau yn eu corff. Gorffennir y gwaith gan y gwenyn iau o fewn y cwch wrth iddynt roi'r mêl yn y celloedd.

Yn y cwch mae'n rhaid rhoi adroddiad manwl am y daith lle cafwyd y neithdar ac am ei ddwyster i'r gwenyn eraill sy'n disgwyl yn eiddgar am y wybodaeth. Mae'r rhain wedi bod yn disgwyl cael eu cyfeirio, yn enwedig y rhai lleiaf profiadol, fel y medrant ddechrau ar waith y dydd. Bydd angen cyflwyno gwybodaeth fanwl oherwydd ni thâl gwastraffu egni ar chwilota diangen a bydd yn rhaid rhoi gwybodaeth am ba gyfeiriad i hedfan, pa mor bell y mae'r tarddiad, a pha mor ddwys yw'r neithdar gan gynnwys ei flas. Yn bersonol, rwy'n siŵr y cymerai hyn gryn amser, egni ac ystum i bob un ohonom wrth gyflwyno gwybodaeth mor gymhleth â hynny. Gwneir hyn gan y gwenyn, yn gynnil a chryno, trwy gyfrwng dawns a all barhau am gryn amser fel bod pawb yn cael cyfle i ddeall a dysgu. Bydd hyd y ddawns yn amrywio o rai munudau i rai oriau hyd yn oed, yn ôl natur y wybodaeth i'w throsglwyddo.

Os yw tarddiad y neithdar yn nes na rhyw gan llath fe geir dawns syml, debyg ei ffurf i'r llythyren C. Dyma'r ddawns gylch. Mae'r wenynen yn symud yn gyflym yn ôl ac ymlaen, fel y nodwyd, ar ffurf llythyren C a hynny dros ryw fodfedd i fodfedd a hanner o wyneb

Y ddawns gylch. Rhybudd i'r gwenynwr oherwydd fod y dawnswyr, fwy na thebyg, yn dwyn oddi wrth gwch arall cyfagos.

y ffrâm. Tyn hyn sylw'r gwenyn sydd o'i chwmpas a theimlant hi â'u teimlyddion ac o bosibl medrant deimlo'r symudiadau drwy eu traed. Yr un pryd mae'r wenynen neu'r gwenyn sy'n dawnsio yn rhoi blas y mêl maent wedi ei gasglu i'r gwenyn o'u cwmpas. Mae'n bosibl i'r dawnsio fynd ymlaen am beth amser i roi cyfle i'r gwahanol wenyn a ddaw i gysylltiad, i ddeall a synhwyro'r ddawns. Ni cheir gwybodaeth orfanwl yn y ddawns hon, dim ond cyfarwyddyd iddynt chwilio ychydig lathenni o gwmpas safle'r cartref. Bydd synnwyr arogli'r gwenyn yn eu galluogi cyn pen fawr o dro i ddod o hyd i achos y ddawns. Dyma'r math o ddawns a geir gan wenyn pan ladratant oddi wrth gychod eraill cyfagos. Ar ôl cael y wybodaeth fe fydd yr awyr yn ddu o chwilotwyr a gwae unrhyw un fydd yn y cyffiniau oherwydd gall fod yn frwydr fawr rhwng y lladron a'r rhai sydd yn ceisio amddiffyn eu stôr. Brathir pawb a phopeth pan mae brwydr ladrata ar ei hanterth. Fodd bynnag, dylai'r gwenynwr fod wedi gofalu nad yw hyn yn digwydd trwy beidio gadael dim mêl na dim byd melys allan yng nghyffiniau'r cwch. Haws atal lladrata yn y dechrau na cheisio rhoi terfyn arno ar ôl iddo ddechrau.

Os yw'r tarddiad dipyn pellach – rhaid cofio y gall gwenyn hedfan tua thair milltir i chwilio am neithdar – rhaid cael dawns arall. Os bydd y tarddiad mor bell â hynny ni chesglir rhyw lawer

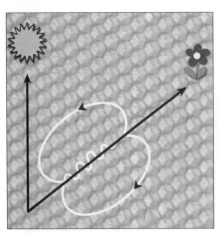

Y ddawns sigl-di-gwt. Sylwer fel mae'r wenynen yn igam-ogamu tuag at yr haul. Noda hyn fod yn rhaid hedfan i'r cyfeiriad hwn i ddarganfod y neithdar.

Mae'r igam-ogamu tua 45 gradd oddi wrth yr haul. Defnyddir yr haul fel cwmpawd i ddod o hyd i'r neithdar. Nifer y dawnsfeydd a'r sigliadau sy'n nodi'r pellter.

oherwydd y gost mewn egni o stôr y cwch, a'r amser a dreulir ar y daith. Gorau po agosaf i'r cwch y mae tarddiad y neithdar. Os yw'r neithdar y tu hwnt i ffiniau'r ddawns gylch yna bydd angen gwybodaeth lawer iawn fwy manwl a cheir hyn yn y ddawns Sigl-di-gwt *(Waggle dance).*

Dawns yw hon ar ffurf y rhif 8 gyda'r ddau gylch yn y rhif wedi eu cywasgu i ffurf hirgrwn. Mae'r wenynen, eto dros ryw arwynebedd o fodfedd i fodfedd a hanner ar wyneb y ffrâm, yn cerdded yn frysiog ar ffurf yr hirgrwn uchaf, ac yna'n mynd ar draws, a dod 'nôl o gyfeiriad gwahanol hyd ffurf yr hirgrwn isaf. Mae'n ymddangos mai rhan bwysicaf y ddawns yw'r symudiad rhwng y ddau siâp hirgrwn.

Yn ystod y symudiad yma mae'n ysgwyd y rhan ôl o'i chorff yn gyflym ac mae'r sigl-di-gwt yma yn cyflwyno llawer iawn o wybodaeth i'r gwenyn sydd o'i chwmpas. Mae'r nifer o weithiau y gwneir y ddawns a'r nifer o weithiau y siglir y corff yn rhoi gwybodaeth fanwl am bellter y neithdar. Po fwyaf araf y sigl yna pellaf i gyd y mae'r neithdar, ac fel arall os yw'r tarddiad yn nes. Yna mae'r ddawns yn cael ei hatal bob hyn a hyn er mwyn i'r ddawnswraig roi blas y mêl sydd yn ei stumog i'r gwenyn sydd o'i chwmpas. Yna ymlaen yr â'r ddawns eto am gyfnodau hir. Sylw rhai arbenigwyr yw ei bod yn bosibl i wenyn eraill nad ydynt o fewn cyrraedd teimlyddion na thafod, dderbyn y wybodaeth trwy eu traed, am fod yna ryw fath o gryndod yn cyniwair drwy'r ffrâm.

Rhan arall bwysig o'r ddawns yw cyfeiriad y sigl-di-gwt ar wyneb y ffrâm. Y cyfeiriad yma sy'n cyflwyno'r wybodaeth am gyfeiriad tarddle'r neithdar. Os sylwir fod rhan sigl y ddawns yn syth i fyny'r ffrâm yna mae'r tarddle yn union i gyfeiriad yr haul. Os yw'r cyfeiriad yn syth i lawr i waelod y ffrâm yna rhaid hedfan oddi wrth yr haul i gael y neithdar. Yn hyn o beth mae'r gwenyn yn abl i ddefnyddio'r haul fel cwmpawd gan eu galluogi i fynd tuag at y tarddle beth bynnag yw'r ongl. Er enghraifft, os yw'r neithdar ugain gradd oddi wrth yr haul yna bydd cyfeiriad y sigl-di-gwt ugain gradd oddi wrth ben uchaf y ffrâm, ac os dau gant saith deg gradd i gyfeiriad y llif neithdar yna fe gyfeirir y ddawns yn union at ochr arall y ffrâm. Nodwyd eisoes fod y ddawns yn mynd ymlaen am gyfnod hir, am oriau ambell waith, gyda'r haul erbyn hyn, wedi symud gryn dipyn yn yr awyr. Ta waeth, byddai cyfeiriad y sigl-di-gwt wedi newid hefyd i gydymffurfio â safle'r haul gan fod gan y gwenyn y gallu i ddirnad safle'r haul hyd yn oed yn nhywyllwch y cwch.

Y Fam. Mae'n hynod o swil a pharod iawn i guddio ym mhob cilfach

Mae'n stori wir am y gŵr a ddehonglodd y dawnsiau hyn, sef yr Athro von Frisch o Awstria, iddo fynd â nifer o gychod i India a'u gosod mor agos â phosibl at y cyhydedd lle byddai'r haul ganol dydd yn union uwchben. Gwnaeth hyn er mwyn gweld pa mor gywir oedd cwmpawd y gwenyn. O ddeng munud i ganol dydd hyd ddeng munud wedi hanner dydd, mae'n debyg i'r gwenyn atal eu dawns oherwydd bod ongl yr haul, yn ystod yr amser yma, yn rhy fach iddynt ei fesur.

Bellach, mae gwybodaeth fanwl gan y gwenyn sydd wedi bod yn gwylio'r ddawns, am bellter, cyfeiriad, dwyster a blas y neithdar. Ond erys un elfen o wybodaeth gwbl angenrheidiol sy'n rhaid wrthi cyn iddynt fynd allan. Bydd yn rhaid i gyfrifiadur mewnol y wenynen ddadansoddi hon. Bydd angen egni i fynd ar y daith, a chan nad yw gwenyn yn abl i storio egni am gyfnodau hir, felly bydd yn rhaid bwydo'r corff cyn ymadael. Os yw'r wenynen yn cymryd mwy na sydd ei angen o nodd y mêl a phaill i gynhyrchu'r egni ar gyfer y siwrnai yna bydd yn cyrraedd y safle gyda chryn dipyn o fwyd ar ôl yn y stumog. Felly ni fydd yn abl i ddod â llwyth llawn o fêl yn ôl i'r cwch a bydd rhan o'r siwrnai wedi bod yn ofer. Ar y llaw arall, os nad yw wedi cymryd digon o fwyd ni fydd ganddi'r egni i gyrraedd y nod ac felly y tebyg yw y byddai'n trengi ar y ffordd.

Mae ymladd yn erbyn gwyntoedd oer croesion a chesair Ebrill a dechrau Mai yn medru bod yn golledus iawn i'r gwenyn a hynny ar adeg anodd pan fo angen pob gwenynen. Er cystal yw cyfrifiadur corff y wenynen nid yw'n medru llwyr amgyffred y broblem ynglŷn â'r tywydd a all godi yn ystod taith i gasglu neithdar. Gall ambell chwa o wynt mwy nerthol nag arfer olygu ei bod yn defnyddio mwy o egni i hedfan drwyddo. A gall cawodydd sydyn Ebrill o law a chesair ddarnio'r adenydd nes peri gorddefnyddio'r egni a'r wenynen felly yn methu cyrraedd pen y daith.

Mae yna un penderfyniad eto ar ôl. Bu i'r sgowtiaid hynny a aeth allan ben bore ddarganfod, efallai, nifer gwahanol o darddiadau neithdar, a rhai wedi hel o'r mwyar, rhai o feillion a rhai efallai o lysiau'r milwr neu helyglys *(willow-herb)*. Maent i gyd wedi dawnsio eu gwahanol ddawnsfeydd ac wedi cyflwyno'r wybodaeth am ddwyster y neithdar, a hwnnw'n amrywio'n aml o fod yn gryf i fod yn wan yn ôl y gwahanol darddiadau. Nid ein siwgr bob dydd ni a geir yn y neithdar, ond yr hyn sydd yn cael ei adnabod fel siwgr ffrwythau gyda'i gynhwysedd mor wahanol i'r swcros. Ar ôl derbyn y wybodaeth am yr amrywiol ddwyster rhaid i'r gwenyn wneud penderfyniad i ba flodau y maent am hedfan i hel. Efallai fod yna ddewis rhwng hedfan yn bell i gasglu neithdar dwys neu gasglu peth llai dwys yn nes adref. Mae'n rhaid gwneud y dewis. Pwy ddywedodd mai greddf sy'n rheoli'r cyfan? Dyw greddf yn ddim mwy nag ymateb yn yr un ffordd i bob sefyllfa ond mae rheswm yn golygu ymresymu a dod i benderfyniad ar ôl derbyn pob gwybodaeth.

Pwy ohonom, tybed, sy'n gorfod llyncu cynifer o wersi a dod i'r fath benderfyniadau cyn gadael y tŷ yn y bore? Does ryfedd fod y wenynen yn unigryw ym myd anifeiliaid, ac efallai yr un mor unigryw ym myd y rhai sy'n meddwl eu bod yn gwybod yn well. Tybed?

Bellach mae'r wybodaeth i gyd wedi ei deall a'r penderfyniad wedi ei wneud, felly does dim ar ôl ond paratoi ar gyfer y daith ac yna mynd allan i hel. Dônt yn ôl yn drymlwythog gan hongian eu coesau odanynt wrth lanio fel dyn yn disgyn o barasiwt. Mae'n rhaid iddynt fod yn ofalus gan fod yna gynifer o wenyn eraill yn glanio'r un pryd, a rhaid ceisio osgoi'r rhai hynny sydd yn gwibio allan ar eu ffordd i hel. Pur anaml y ceir damwain serch hynny, er cymaint y prysurdeb ond gall y llwyth fod mor drwm fel y bydd rhai yn methu'r lanfa ac yn syrthio i'r llawr o flaen y cwch. Bydd y gwenynwr wedi ymateb i'r broblem cyn hyn ac wedi rhoi llechen neu ryw sylwedd tebyg ar y llawr i arbed y gwenyn rhag syrthio i'r borfa, gan fod y rhan fwyaf o gychod gwenyn wedi eu gosod yn uwch na'r llawr, i'w cadw'n sych. Gocheled y gwenynwr rhag defnyddio unrhyw ddefnydd fyddai'n debyg o rychio gan fod yna berygl ar ôl glaw i ddŵr sefyll yn y rhychau a boddi'r gwenyn. Erbyn iddynt gyrraedd yn ôl maent mor flinedig fel nad oes ganddynt y nerth yn aml i nofio i dir sych na chwaith i ddringo'r glaswellt i fynedfa'r cartref.

O fewn y cwch rhaid trosglwyddo'r mêl i wenyn ifanc fydd yn disgwyl amdano i'w storio yn y celloedd. Mae'r broses o drawsnewid y neithdar i fêl yn parhau o fewn stumog fêl y gwenyn ifanc ac efallai eu bod hwy, oherwydd eu hoedran, yn medru ychwanegu rhywbeth arall o'u chwarennau at y broses. Bydd angen storio peth o'r mêl yn agos i'r nyth er mwyn osgoi ei gario ymhell wrth fwydo'r cynrhon ac fe storir y gweddill yn y llofftydd mêl erbyn y gaeaf a'r gwanwyn cynnar. Mae'r broses o storio'r mêl yn medru bod yn gymhleth gan fod yn rhaid ei aeddfedu trwy ostwng canran y dŵr sydd ynddo neu ni fydd yn cadw. Ar ôl gwneud hyn bydd angen ei selio yn y celloedd rhag iddo sugno tamprwydd o'r awyr. Cawn drafod y broses o aeddfedu'r mêl mewn pennod arall.

Y Fam – Y Frenhines

Rai blynyddoedd yn ôl, cefais gais oddi wrth wenynwr profiadol i drafod ei wenyn. Roedd wedi cael anffawd i'w fraich ac felly yn methu gwneud yr hyn oedd yn angenrheidiol. Roedd ganddo ddeg i ddwsin o gychod – y rhai gwyn hen ffasiwn hynny a elwir yn WBC. Nid y math rhwyddaf o gwch i'w drafod yw hwn gan ei fod yn cynnwys cwch o fewn cwch ac felly yn cymryd cryn amser i'w ddatgymalu i fynd at y gwenyn. Mae i'r cwch yma, serch hynny, un rhinwedd, yn fy marn i, sy'n rhagori ar gychod mwy modern. Does dim o'i well am aeafu gwenyn, yn enwedig os bydd y gaeaf yn oer a gwlyb.

Y frenhines
Llun: *Dinah Sweet*

Wedi datgymalu'r cwch ac archwilio rhai o fframiau'r nyth fe ddaeth y frenhines i'r golwg ac wedi i mi dynnu ei sylw ati fe aeth bron i berlewyg wrth edrych arni. Er bod ganddo flynyddoedd o brofiad dyma'r tro cyntaf iddo weld brenhines yn un o'i gychod. Wrth ryfeddu at ei frwdfrydedd, ni fedrwn lai na thybio ei fod yn credu fod yna wyrth wedi digwydd wrth iddo synhwyro fod y fath beth â brenhines yn un o'i gychod!

Oes, i sicrhau pawb, mae yna frenhines ym mhob cwch, a dim ond un. Er ei bod tua un a hanner hyd gwenynen arferol eto i gyd nid yw'n hawdd dod o hyd iddi. Dyma, mae'n siŵr, oedd y rheswm am chwilfrydedd Ifan y gwenynwr profiadol. Mae bron yn amhosibl ei gweld ganol haf pan fydd yna filoedd ar filoedd o wenyn yn rhuthro 'nôl ac ymlaen er mwyn dod o hyd i fan tywyll i ymguddio. Gwenyn sydd yn werth eu magu yw'r rhai hynny sydd yn aros yn dawel ar y ffrâm heb y rhuthr i geisio cuddio oddi wrth y golau a hithau'r frenhines, yn waeth na'r un, yn chwilio am bob cornel cuddiedig, neu'n ymrythu o dan bentwr o wenyn.

Mae llawer iawn o'r gweithgarwch ynglŷn â gwenyn yn dibynnu ar ddod o hyd i'r frenhines, rhywbeth sy'n peri anhawster mawr i'r dibrofiad, gan ei bod mor debyg yn aml i'r gweithwyr eraill ac mor barod i guddio. Yn aml, po dywyllaf yw lliw'r frenhines mwyaf anodd yw ei gweld. Nid felly'r breninesau sy'n fwy melyn eu lliw, mam y mwngreliaid sydd bellach yng nghychod llawer o wenynwyr; maent yn fwy o faint ac yn haws o lawer i'w gweld ac yn fwy hamddenol eu cerddediad. Ond am

Y frenhines rhwng bys a bawd yn barod i'w marcio ac efallai dorri un o'i hadenydd.
Llun: Dinah Sweet

y rhai tywyll, yn aml ni cheir ond cipolwg ohonynt cyn iddynt fynd i ymguddio, yn enwedig os byddant wedi gwylltio.

Llygaid profiad yn unig sydd ei eisiau i weld y frenhines. Mae angen i'r profiadol a'r dibrofiad wneud dau beth arbennig wrth chwilio amdani. Yn gyntaf rhaid agor y cwch mor dawel a diffwdan â phosibl a defnyddio dim ond y lleiafswm o fwg. Mae gorfygu yn siŵr o wylltio'r frenhines a'r gwenyn nes gwneud y gwaith bron yn amhosibl. Yn ail, rhai gwneud y penderfyniad i beidio â chanolbwyntio ar ddim arall ond chwilio am y frenhines. Gwendid llawer o wenynwyr wrth chwilio yw edrych a cheisio gweld popeth a methu canolbwyntio ar wir reswm y chwilio. Rhaid cadw llun y frenhines yn llygad y meddwl o hyd. Yn aml mae'r frenhines i'w darganfod ar ochr dywyll y ffrâm wrth ei thynnu allan, hynny yw'r ochr sydd yng nghysgod y ffrâm nesaf yn y nyth, gan fod yr ochr hon yn y tywyllwch, fwy neu lai. Yn gynnar yn y gwanwyn, bron yn ddieithriad, ceir hyd i'r frenhines ar y ffrâm olaf o'r nyth gan fod y nyth yr amser yma yn cael ei lledu. Gwn am un gwenynwr sy'n dal y fframiau ar ryw oledd arbennig gan edrych dros gefnau'r gwenyn gan fod y frenhines yn uwch ei cherddediad na'r gwenyn eraill ac mae'n llwyddo bron bob tro i'w gweld.

Rhaid i'r frenhines wthio ei hun tuag yn ôl i mewn i'r gell i ddodwy.

Yr amser gorau i ddod o hyd i'r frenhines yw yn y gwanwyn pan na fydd gormod o wenyn yn y cwch. Ganol haf, mae cael hyd iddi yn dreth ar amynedd y mwyaf profiadol. Er mwyn hwyluso'r chwilio ar yr adeg yma, oherwydd yn aml dyma'r adeg mae angen gwneud hynny, mae'n dda o beth i roi nod ar ei gwegil i'w gwneud yn fwy amlwg. Yr amser i wneud hyn yw'r gwanwyn. Rhaid yn gyntaf ddod o hyd iddi, wrth gwrs, ac yna ei dal. Ni ddylid defnyddio menig wrth y gwaith yma a gore i gyd po leiaf clogyrnaidd fydd y bysedd – dwylo pregethwr yn hytrach na dwylo ffermwr! Dyw hyn ddim yn weithgarwch i'r dibrofiad ac er mwyn ennill profiad gwell fydd mynd drwy'r broses o ddal y bygegyr – y gwenyn gwrywaidd – gan na fydd yna golled o gwbl os gwesgir yn ddamweiniol rai o'r rhain i dragwyddoldeb!

Er mwyn dal y frenhines rhaid aros iddi gerdded i gyfeiriad deg o'r gloch ar y ffrâm ond peidier â'i hannog i fynd i'r cyfeiriad hwnnw mewn unrhyw fodd oherwydd bydd hyn yn ei gwylltio a rhed i guddio. Wrth gerdded i'r cyfeiriad yma rhaid cydio ynddi rhwng bys a bawd y llaw dde yn dyner ond yn sicr. Gofaler cydio yn rhan ganol y corff – y thoracs – dim byth yn rhan ôl y corff, yr abdomen. Yna rhaid ei throsglwyddo, yr un mor ofalus a thyner, i fys a bawd y llaw chwith gyda'i phen yn cyfeirio tuag at ganol y llaw. Gyda gafael sicr ond nid yn rhy galed gellir nawr ei marcio ar y gwegil – y thoracs. Mae yna lawer math o gaets i'w cael i ddal a gwthio'r frenhines yn dynn i gŵyr y ffrâm ond gyda'r rhain mae perygl ei gorwasgu nes ei lladd.

Mae'r math o baent i farcio'r frenhines yn bwysig a rhaid iddo fod wrth law ar ôl ei dal. Thâl hi ddim mynd i chwilio amdano, nac i agor y caead, tra'i bod hi rhwng y bysedd! Rhaid i'r paent fod y math sydd yn sychu bron ar unwaith oherwydd aflwyddiant perffaith fyddai ceisio dal y frenhines rhwng bys a bawd am hanner awr er mwyn iddo sychu! Mae gwerthwyr offer gwenyna yn gwerthu paent arbennig mewn tiwb tebyg i bìn ysgrifennu beiro, ond ei fod yn fwy. Fydd y paent ddim yn rhedeg nes gwesgir y blaen yn galed am eiliadau. Gwn am un gwenynwr a wasgodd y tiwb ar wegil y frenhines a chan nad oedd y paent yn rhedeg fe'i gwasgodd yn galetach fyth nes brathu'r frenhines i farwolaeth! Y ffordd orau o ddefnyddio'r paent yma yw ei wasgu allan ar ryw wyneb caled nes cael 'blob' go dda ac yna codi ychydig ar ben coes matsien i'w roi ar y frenhines. Bydd ychydig yn ddigon, yn wahanol i rai a welais a oedd fel pe baent wedi eu marcio â brwsh dwy fodfedd! Wrth roi'r paent ar y gwegil bydd angen rhoi tro i flaen y fatsien neu fe fydd y paent yn sefyll ar wyneb y blewiach sydd ar y thoracs ac yn dod i ffwrdd ymhen rhai dyddiau; mae angen i'r paent fod ar blisgyn y gwegil.

Yn bersonol, hoffaf y paent, os gellir ei alw'n hynny, oedd yn arfer cael ei ddefnyddio er mwyn cywiro gwallau teipio. Mae'n sychu'n gyflym ac mae un botelaid yn ddigon i farcio miloedd o freninesau! Os yw wedi sychu yn y botel o wanwyn i wanwyn does dim ond eisiau ychwanegu ychydig ddŵr ac fe fydd yn iawn am dymor arall. Mae iddo un rhagoriaeth arall – does dim llawer o arogl arno. Os yw arogl y paent yn gryf ar y frenhines pan ddodir hi 'nôl yn y cwch, mae yna duedd, ar brydiau, i'r gwenyn fynd yn oramddiffynnol ohoni a chasglu o'i chwmpas fel pêl golff a'i mygu. Rhaid i'r gwenynwr fod yn barod am hyn drwy chwipio'r bêl â thusw o borfa neu ddail meddal fel dail tafol i'w gwasgar.

Mae yna liwiau arbennig yn ôl y flwyddyn i farcio'r breninesau:

Blwyddyn yn gorffen gyda 0 neu 5 – glas
Blwyddyn yn gorffen gydag 1 neu 6 – gwyn
Blwyddyn yn gorffen gyda 2 neu 7 – melyn
Blwyddyn yn gorffen gyda 3 neu 8 – coch
Blwyddyn yn gorffen gyda 4 neu 9 – gwyrdd.

Ni ddefnyddia i ond rhyw dri a'r rheiny'n lliwiau golau fel gwyn, melyn a phinc gwan. Golau am mai prif bwrpas y lliw, i'r rhan fwyaf o wenynwyr, yw bod yn gymorth i ddod o hyd i'r frenhines ynghanol

'Pwy fase'n meddwl — ac yntau'n flaenor!'

y miloedd pan fydd angen. Mae gwegil bron pob brenhines o liw tywyll, waeth beth yw lliw'r corff, felly dyw'r lliwiau tywyll ddim mor amlwg â'r rhai golau. Mae yna werth arall i nodi'r frenhines gyda'r gwahanol liwiau; wrth y lliw gall y gwenynwr wybod eu hoedran, os yw wedi recordio pa liw a ddefnyddia bob blwyddyn.

Rwyf wedi cael y profiad rai troeon o weld y frenhines yn mynd i lewyg wrth ei thrafod. Mae'n gorwedd ar gledr y llaw yn union fel pe byddai wedi trengu ac mae hynny'n digwydd gan amlaf wrth nodi breninesau pobl eraill! Pan ddigwydd hyn does dim i'w wneud ond ei rhoi yn ôl ar ben un o'r fframiau canol a chau'r cwch. O edrych ymhen dau neu dri diwrnod gwelir fod popeth yn iawn.

Cofiaf, un tro, benderfynu defnyddio lliw coch. Wedi hir bendroni, deuthum i'r casgliad y byddai'r paent a ddefnyddia merched i liwio'u hewinedd yn gwneud y gwaith. Mae hwnnw'n baent sy'n sychu'n gyflym er ei fod braidd yn gryf ei arogl. Felly, byddai'n rhaid bod yn ofalus wrth gyflwyno'r frenhines yn ôl i'r cwch. Doedd unlle gwell a rhatach i gael y paent hwn na siop

Gormod o bwff!

Woolworth gynt. Yno gwelais resi o boteli o amrywiol liw coch – roeddwn i am liw coch gwan fyddai'n amlwg iawn ar gefndir tywyll gwegil y frenhines. Doedd dim i'w wneud, felly, ond agor y poteli yn eu tro a rhoi 'blob' bychan, bychan ar fy ewinedd. Roeddwn bron â rhedeg allan o le ar bob ewin pan deimlais law ar fy ysgwydd a chefais wedyn fy arwain tua'r drws. Roedd yn amlwg fod rhywun wedi mynd i ddweud gair wrth y rheolwr ac yntau wedi dod i'r casgliad fy mod yn ferchetaidd fy anian. Ceisiais esbonio fy mod yn chwilio am liw arbennig i nodi fy mreninesau ond gan nad oedd yn deall cyfrinachau gwenynwyr, ni fu hynny o fawr werth. Ond pwy oedd wrth y drws pan gefais fy nhaflu allan ond tair o wragedd mewn oed y capel a bu'r hanes, a llawer wedi'i ychwanegu ato, fawr o dro cyn mynd ar hyd ac ar led. Ni ddefnyddiais liw coch byth wedyn!

Roedd un aelod o'n Cymdeithas Gwenynwyr, cymdeithas gyda llaw sy'n trafod gwenyna drwy gyfrwng y Gymraeg yn unig, wedi clywed neu ddarllen am ffordd syml a diberygl i farcio'r frenhines a hwnnw'n ddull a fyddai'n ddefnyddiol iawn i'r dibrofiad. Roedd, felly, am arbrofi gyda'r dull yn ein cyfarfod agored yn yr haf pan fyddem yn mynychu gwenynfa un o'r aelodau i drafod ei wenyn. Pwrpas y cyfarfodydd hyn yw dysgu'n gilydd a rhoi profiad i'r dibrofiad. Mae hefyd yn gyfle i dynnu coes a chael llawer o rialtwch. Roedd yr arbrawf yn gofyn am bot jam ynghyd ag un o'r teclynnau modern hynny a ddefnyddir i agor poteli gwin. Teclyn yw hwn sydd â nodwydd hir gyda thwll drwy'r canol fel nodwydd chwistrell a'r nodwydd yn ddigon hir i fynd drwy gorcyn potel win. Uwchben y nodwydd, mae caets bach sy'n dal silindr o nwy, CO_2 mae'n debyg, ac mae yna fotwm ar ben y cyfan i chwistrellu'r nwy drwy'r nodwydd. I agor potelaid o win rhaid fyddai gwthio'r nodwydd drwy'r corcyn ac yna wasgu'r botwm i anfon y nwy i'r botel. Byddai pwysedd y nwy yn y botel wedyn yn gwthio'r corcyn allan.

Yn ôl y gwyddonydd o wenynwr hwn, oedd yn cyfrif ei hun yn yr un byd ag Eddison neu Newton, medrid defnyddio'r offeryn hwn i farcio ei mawrhydi heb wneud dim niwed iddi. I wneud hyn, roedd yn rhaid dod o hyd iddi ar y ffrâm, wrth gwrs, ac yna rhoi'r pot jam am ei phen. Fyddai dim o'i le pe byddai nifer o wenyn hefyd o dan enau'r pot jam. Byddai'n rhaid aros ennyd neu ddwy wedyn er mwyn i'r frenhines gerdded i fyny'r pot wrth geisio chwilio'r ffordd allan. Buwyd yn aros yn hir gan nad oedd y frenhines am gerdded i fyny i fwy o olau. O'r diwedd cafwyd peth llwyddiant a chodwyd y pot i ffwrdd gyda'r frenhines a rhyw chwech neu saith gwenynen ynddo. Rhaid oedd bod yn gyflym nawr wrth roi llen o *clingfilm* dros geg y pot jam. Y cam nesaf oedd gwthio nodwydd y teclyn agor poteli gwin drwy'r *clingfilm*, gwasgu'r botwm nwy, a byddai'r frenhines yn cysgu'n braf ac yn barod i gael y driniaeth lawfeddygol i'w nodi.

Roedd y criw oedd yn bresennol yn aros yn eiddgar i weld yr arbrawf yn gweithio. A dweud y gwir, byddai gwenynwr profiadol ar nodi breninesau wedi marcio cryn ddwsin, wrth aros i wrthrych yr arbrawf fynd i gysgu. Heb os, bu'r ochr ymarferol yn llwyddiant, ar ôl cryn amser mae'n wir, ond methiant llwyr fu hi o safbwynt y driniaeth. Wedi'r pwff o nwy, gorweddai'r frenhines a'i phlant ar waelod y pot a'u traed i fyny, a thrist yw nodi na fu unrhyw fath o atgyfodiad. I wneud pethau'n waeth i'r arbrofwr mawr, roedd yna gynifer o lygaid wedi gweld y methiant, ac felly perygl y byddai yna dynnu coes am ddyddiau os nad am wythnosau a misoedd!

Y frenhines ynghanol ei phlant.
Llun: Arwyn Davies

Chwilio am baill neu neithdar.
Llun: Dinah Sweet

Mag, mêl a phaill o bob lliw.

Wrth ei bodd yn y blodau afalau.
Llun: Richard Lewis

Dant y Llew – er gwaethaf y dirmyg yn 'Y Border Bach',
dyma un o flodau gorau'r gwanwyn i'r gwenyn.

Y wenynfa.
Llun: Dinah Sweet

Anferth o haid!
Llun: Meirion Williams

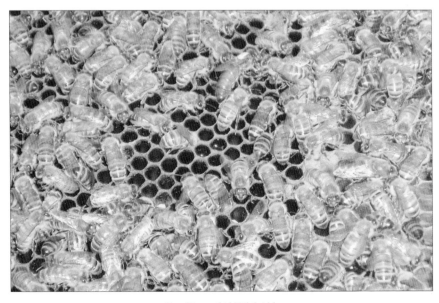

Brenhines o frid Eidalaidd.
Llun: Dinah Sweet

Peth o gynnyrch sioe fêl.
Llun: Dinah Sweet

Jac y Neidiwr yn denu'r gwenyn.
Llun: Richard Lewis

Gwenynen ar ei thaith yn ôl i'r cwch gyda llwyth o baill.
Llun: Dinah Sweet

Tybed a yw hwn yn haeddu'r wobr!
Llun: Dinah Sweet

Un ffrâm â'r mêl wedi'i dynnu a'r llall yn aros am y broses.
Llun: Arwyn Davies

Cwch gwenyn traddodiadol, erbyn hyn yn hen ffasiwn.
Llun: Dinah Sweet

Sylwer ar yr union bellter rhwng y fframiau.
Llun: Dinah Sweet

Ffrâm berffaith o'r bocs magu – digon o gelloedd magu wedi eu selio
gyda phaill a mêl yn hanner cylch o'u cwmpas.
Llun: Dinah Sweet

'Ydyn nhw'n gweithio'n well heb eu pennau?'

Dro arall, roeddem fel cymdeithas wedi gwahodd arbenigwr atom ar brynhawn Sadwrn i'n dysgu a rhoi profiad i'r rhai oedd yn dechrau. Yn ystod y trafod a'r dangos fe gododd y cwestiwn o farcio a thorri adain y frenhines. Pwrpas torri'r adain yw ei rhwystro rhag hedfan i ffwrdd gyda'r haid; ceir cyfle i esbonio hyn eto. Wedi dod o hyd i'r frenhines, a chyn i'r arbenigwr ddangos y ddwy broses, fe benderfynodd roi'r frenhines mewn bocs matsys gwag. Mae bocs matsys gwag yn un o'r offer gorau wrth drafod gwenyn. Mae'r frenhines yn ddiogel ynddo os bydd y gwenynwr am wneud mwy o weithgarwch nag arfer lle mae perygl iddi gael ei lladd. Mae hefyd yn glyd a chynnes yn y boced. Wedi i'r arbenigwr agor y bocs ryw hanner modfedd fe wthiodd y frenhines i mewn yn ddigon tyner a gofalus. Gyda'i bod hi yn y bocs fe roddodd dro i ddod allan ar yr union eiliad yr oedd ef yn y broses o gau'r bocs. Roedd ei phen allan o'r bocs wrth iddo gau, gyda'r canlyniad i'w mawrhydi fynd i ebargofiant yn union fel Siarl y Cyntaf. Ym myd y gwenyn dyw hi ddim yn talu i wybod popeth na chwaith i fod yn arbenigwr pan fydd eraill yn gweld.

Yn y canoloesoedd, a chynt, câi'r frenhines ei hystyried yn rheolwraig y cwch. Yn wir, yr enw a roed arni gan y Groegiaid oedd 'y brenin'. Mae'n wir ei bod yn gwbl hanfodol i'r cwch fel mam, ond nid fel llawer o ddim arall. O bosibl, yn wir, byddai'r enw mam yn gweddu'n well iddi na brenhines. Fodd bynnag, mae iddi ddwy brif swyddogaeth. Yn gyntaf, hi sy'n cadw'r teulu wrth ei gilydd trwy ddefnyddio'r fferamon o'i chorff sy'n cael ei wasgar drwy'r cwch, fel y darllenwyd mewn pennod gynharach, sef sylwedd y frenhines. Mae hyn yn gwbl hanfodol i fywyd y cwch oherwydd os digwydd rhywbeth i lif y fferamon hwn yna bydd y teulu'n mynd ar chwâl. Yn ail, nid yw hi ond megis peiriant i ddodwy wyau, cynifer â rhyw ddwy fil y dydd yn nhymor yr haf ac mewn diwrnod mae hyn lawer mwy na phwysau ei chorff ei hun. Mae yna rai mathau o freninesau sy'n abl i ddodwy llawer mwy hyd yn oed, er enghraifft gwenyn Eidalaidd, ond dyw'r math yma o freninesau ddim yn addas i ni yng Nghymru gan eu bod yn cynhyrchu gormod o wenyn ac yn difa eu stôr o fwyd. Yma, gorau po dywyllaf yw lliw'r frenhines gan fod ei nyth yn llai ac yn fwy cymwys i'n hinsawdd.

Ynglŷn â'r dodwy, mae'r frenhines yn cael ei rheoli gan y gweithwyr. O Fai hyd Orffennaf, pan mae digon o lif neithdar a phaill yn y blodau, rhoddir digon o fwyd maethlon iddi ac fe dâl hithau am hyn gyda ffrwd o wyau – un ymhob cell yn y cannoedd o gelloedd bob dydd. Fel mae'r hydref yn nesáu, a llif y neithdar a'r paill yn prinhau, cwtogir ar y bwydo ac fe leiha nifer yr wyau. Erbyn canol gaeaf mae'r dodwy wedi mynd yn ddim. Yna, pan ddaw'r gwanwyn, mae'r cylch yn ailddechrau gyda dyfodiad y blodau. Fe fydd llif y neithdar a'r paill yn ailddechrau a chaiff y frenhines ei dogn unwaith eto er mwyn ailddechrau dodwy. Ond nid oes angen haf a gaeaf yn unig i reoli'r frenhines. Os yw'r tywydd yn troi'n wlyb ac oer hyd yn oed ganol haf, fe reolir y dodwy, gan fod llif y neithdar yn prinhau ar dywydd felly. Eto, os yw'n hydref da o ran tywydd a'r blodau'n dal i roi neithdar a phaill yna araf fydd y cyfyngu ar fwydo'r frenhines. Gwelir wrth hyn fod gan y gweithwyr reolaeth bendant ar y frenhines yn ôl y tymor a'r tywydd.

Myn rhai arbenigwyr mai hyd golau'r dydd sy'n rheoli'r dodwy ac nid y bwydo gan y gweithwyr. Hynny yw, fel mae'r dydd yn ymestyn dodwyir mwy o wyau, ac fe leiha fel bydd y dydd yn byrhau. Ond nid yw hyn yn ateb y rheoli a wneir ar y nyth pan mae'r tywydd yn anffafriol neu'n ffafriol. Mae gwenynwyr wedi sylwi lawer gwaith fod y dodwy wedi ei atal bron yn gyfan gwbl ar dywydd drwg a'r cynrhon, hyd yn oed, yn cael eu taflu allan er mwyn arbed y bwyd. Bryd arall, ar dywydd da, gwelir nyth lawn bron ar ddiwedd hydref.

Mae oedran breninesau yn medru amrywio. Gall ffrwythlondeb ambell un ddod i ben ar ôl blwyddyn neu ddwy ac eraill yn dal yn ffrwythlon am dair neu bedair blynedd. Prin yw'r rhai sy'n para i ddodwy am bum mlynedd ac ni ellir disgwyl rhyw lawer oddi wrth y rhain. Gan amlaf mae hyd eu bywyd yn dibynnu ar ba mor dda y mae'r gwrywod wedi eu ffrwythloni pan maent yn wyryfon. Os ceir brenhines sy'n methu dodwy wyau ffrwythlon yna fe'i gwaredir gan y gwenyn eu hunain. Lles y gymuned sy'n bwysig a dim sentiment am unigolion, boed weithwyr neu freninesau.

Felly mae brenhines ffrwythlon yn gwbl hanfodol i fywyd y cwch. Pe digwydd i ryw anffawd ddod ar ei thraws, naill ai oherwydd rhyw anhwylder neu ddiofalwch y gwenynwr, yna teimlir ei cholled ar unwaith. Bydd llif ei fferamon wedi pallu a gwelir y gwenyn yn rhuthro hwnt ac yma i'w chwilio, o fewn a thu allan i'r cwch. Mae ei cholli ym misoedd y dodwy yn dipyn llai o drasiedi na'i cholli ym misoedd yr hydref, y gaeaf neu'r gwanwyn cynnar. Ganol haf, yn fuan ar ôl y golled, bydd trefniadau'n cael eu gwneud i fagu mam arall o ŵy neu gynrhonyn ifanc. O'r hydref i'r gwanwyn nid yw hyn yn bosibl am nifer o resymau ac nid oes gwenyn gwryw ar gael i ffrwythloni'r wyryf. Gall y broses o fagu brenhines newydd fod yn ben tost i'r gwenynwr ac effeithio'n ddwys ar ei amynedd fel y cawn weld yn y bennod nesaf.

Codi Teulu trwy Heidio

Onid oes modd ailgenhedlu yna mae pob rhywogaeth yn dod i ben. Daw'r fuwch â llo a'r ddafad ag oen er mwyn parhad yr hil. Felly hefyd, ond mewn ffurf wahanol, mae'n rhaid i'r rhywogaeth barhau ym myd y gwenyn, ac mae wedi gwneud hynny am ddeugain miliwn o flynyddoedd a mwy, fwy neu lai, fel y maent heddiw. O bosibl, roeddent yn bod cyn unrhyw anifail pori gan fod rhan helaeth o fwyd y porwyr yn dibynnu ar blanhigion fyddai'n cael eu parhau drwy eu peillio gan wenyn.

Mae'r frenhines yn gwbl hanfodol i barhad y cwch oherwydd heb ei dodwy hi does dim dyfodol. Felly mae magu brenhines newydd yn rhan annatod o barhad y stoc. Gan amlaf mae hyn yn arwain at

Celloedd breninesau wedi eu hadeiladu ar gornel y ffrâm.
Llun: Claire Miller

heidio a'r stoc wreiddiol yn ymrannu'n ddwy ac felly'n arwain at barhad yr hil. Roedd yr haid honno ar y ddraenen ddu, 'slawer dydd, yn rhan hanfodol a naturiol o'r parhad hwn.

Mewn anwybodaeth, roedd yna gred fod tywydd poeth, braf yr haf yn gwneud i'r gwenyn 'godi'. Wrth gwrs, nid y tywydd oedd yn gyfrifol ond y gweithgarwch o barhad yr hil o fewn y cwch. Proses sy'n digwydd ar dywydd penodol ac ar adeg benodol, felly, yw'r heidio er mwyn i'r hen a'r newydd gael eu cefn atynt a chael cyfle i gasglu stôr cyn y gaeaf.

I lawer gwenynwr, cyfnod o weithgarwch fyddai'n well ganddo hebddo yw cyfnod yr heidio. I'r dibrofiad medr fod yn gyfnod o rwystredigaeth ac yn bla i'r gwenynwr hwnnw sydd heb roi sylw

Yr haid yn llonydd a digyffro ac yn breuddwydio am y cartref newydd.
Llun: Arwyn Davies

manwl wythnosol i'w wenyn. I mi, ar ôl hanner oes yn eu cwmni, ni fedraf lai nag edmygu cyfriniaeth a threfn y creaduriaid anhygoel hyn. Mae'r cyfan yn cael ei drefnu ymlaen llaw gyda'r manylrwydd mwyaf fel na fedr dim, ond y tywydd ambell waith, rwystro'r gweithgarwch.

Y broses gyntaf yw adeiladu celloedd arbennig – celloedd y frenhines. Nid celloedd cyffredin, lle megir deiliaid eraill y cwch, ond celloedd sydd lawer yn fwy ac yn hongian a'u pennau tuag i lawr. Maent o ffurf a siâp arbennig, tebyg iawn i fesen derwen. Maent yn cael eu hadeiladu ar waelod y ffrâm gŵyr neu mewn rhyw gornel gynnes o'r ffrâm. Yn aml bydd y gwenyn wedi difetha nifer o'r celloedd cyffredin er mwyn gwneud lle i'r celloedd arbennig hyn. O sylwi'n fanwl gwelir fod gwenyn wedi paratoi sawl cwpan cell ymlaen llaw hyd yn oed os na ddaw'r awydd i heidio heibio.

Gyda rhai bridiau o wenyn, yn enwedig y rhai melyn eu lliw sy'n hanu o'r gwledydd cynnes, gall fod yna ugain a mwy o gelloedd wedi eu hadeiladu, ond gyda'r gwenyn sy'n fwy tywyll mae nifer y celloedd lawer iawn yn llai o rif. Mae yna gred, a thebyg ei bod yn gywir, po fwyaf nifer y celloedd a baratoir yna mwyaf heidiog yw'r stoc, gyda rhai ohonynt am heidio yn flynyddol ac ar brydiau ddwywaith y

Nifer o'r sgowtiaid wedi cyrraedd y cartref newydd o flaen yr haid gan ffanio eu croeso 'dowch yma' i ddenu'r haid.
Llun: Dinah Sweet

flwyddyn os cânt rwydd hynt i wneud hynny. Dyw'r heidwyr hyn fawr o werth i gasglu mêl gan fod eu bryd ar gynyddu yn hytrach na dim arall. Mae perygl iddynt hefyd orfagu ac yn y broses honno drengi o ddiffyg cynhaliaeth.

Mae'r gwenyn yn cael eu harwain i baratoi celloedd brenhines am nifer o resymau. Y prif reswm yw oherwydd ei bod wedi cynyddu cymaint mewn rhif yn ystod y gwanwyn a'r haf cynnar fel eu bod yn dod i sylweddoli ei bod yn bryd ymrannu'n ddwy er mwyn parhad yr hil. Yr hyn sy'n eu gwthio i wneud y penderfyniad hwn yn aml yw diffyg cyflenwad o sylwedd y frenhines. Soniwyd mewn pennod flaenorol am y fferamon hwnnw a gynhyrchir gan y frenhines, sy'n cael ei lyfu gan y gwenyn ifanc o'i chwmpas ac a ledaenir drwy'r cwch o wenynen i wenynen. Os yw nifer y gwenyn yn y cwch yn gymaint fel bod yna brinder o flas y sylwedd hwn bydd y meddwl sy'n rheoli yn dod i'r casgliad ei bod yn amser i ymrannu'n ddwy. Rhaid, felly, fagu brenhines newydd i reoli'r cwch a gadael i'r hen fam heidio gyda thua hanner y teulu i sefydlu cartref newydd. Yr hen fam bob amser fydd yn gorfod gadael y cartref. Yn ystod ail a thrydedd flwyddyn o oed y frenhines y bydd yr heidio'n digwydd ran amlaf ond anaml y ceir hyn yn ystod eu blwyddyn gyntaf. Y tebyg yw fod brenhines ifanc yn medru cynhyrchu digon o fferamon sylwedd y frenhines i fodloni pawb yn ystod blwyddyn gyntaf ei theyrnasiad. Os yw'r frenhines dros ei thair neu hyd yn oed bedair oed yna mae perygl oherwydd ei hoed iddi fethu cynnal yr haid yn y cartref newydd. Pan ddigwydd y creisis hwn bydd angen i'r gwenynwr weithredu.

Mae yna resymau eraill sy'n gwneud i'r gwenyn heidio. Soniais am yr haid honno a gefais i ddechrau gwenyna ac a roes fodd i'r egin hobi fynd i'm gwaed. O'i chael yn gynnar iawn yn y gwanwyn bu iddi heidio eto cyn diwedd yr haf. Efallai mai diffyg profiad y nofis oedd yn rhannol i gyfrif am hyn. Mae'n bwysig rhoi digon o le i'r frenhines ddodwy ac i'r gwenyn storio eu mêl a'r paill ymlaen llaw. Os cyfyngir ar le'r frenhines, yn enwedig gan ormodedd o wenyn ifanc o gwmpas y nyth, yna mae'r rhwystredigaeth yn arwain at wneud paratoadau i heidio.

Cawn drafod yn nes ymlaen resymau allanol eraill sy'n arwain at heidio. Yn aml mae'r rhain, yn fy marn i, yn rhesymau gorfodol yn hytrach nag yn rhai naturiol – digwyddiadau a rhesymau sy'n cael eu gorfodi ar y gwenyn yn hytrach na'r awydd gwreiddiol i barhau'r hil.

Unwaith mae'r penderfyniad i heidio wedi cael gafael yna rhaid mynd ati i adeiladu'r celloedd arbennig ar gyfer magu breninesau newydd. Rwy'n sôn am freninesau oherwydd fel y nodais mae nifer o gelloedd yn cael eu paratoi. Pam paratoi cynifer sydd yn ddirgelwch gan y byddai paratoi dwy neu dair yn ddigon hyd yn oed i oresgyn unrhyw ddamwain a fedrai ddigwydd. Ond dyna'r drefn, trefn a fedr yn ddiweddarach beri cryn broblem i'r gwenynwr. Stori i'w hadrodd eto fydd hon.

Unwaith mae'r celloedd yn barod rhaid cael perswâd ar y frenhines i ddodwy ŵy ym mhob un ohonynt. Yma mae cryn ddadlau ymhlith gwenynwyr, pa un ai'r frenhines sydd yn dodwy ŵy yn y celloedd ynteu i'r gwenyn sydd yn cario ŵy o un o'r celloedd cyffredin. Go brin, medd rhai, bod y frenhines yn barod i ddodwy ŵy mewn cell ddieithr fydd ymhen naw diwrnod yn ei gorfodi hi ei hun i adael ei chartref gyda'r haid i chwilio am gartref arall. Ond pwy a ŵyr faint o orfodaeth sydd arni gan bwy neu beth sydd yn rheoli. Efallai fod yr awydd i barhau'r hil wedi gafael ynddi hithau gan ei gwneud yn ferthyres barod i'r drefn.

Fy marn bersonol yw mai ŵy a ddodwyd gan y frenhines a geir yn y celloedd arbennig hyn. O edrych yn fanwl arnynt maent wedi eu gosod yn union fel y bydd y frenhines yn arfer dodwy ym mhob cell, boed yn gelloedd cyffredin neu yn gelloedd brenhines. Nid yw'r wyau sydd yn cael eu cario gan y gweithwyr yn cael eu dodi mor drefnus yn y celloedd. Yr hyn sydd yn ddiddorol am yr wyau yw mai wyau cyffredin ydynt er iddynt gael eu dodwy mewn cell brenhines – ŵy a fyddai, pe byddai wedi cael ei ddodwy mewn cell gyffredin, yn deor i fod yn weithwraig. Ond, a dyma'r gyfrinach, ar ôl iddo ddeor ar y trydydd diwrnod mae'r ŵy'n cael ei drafod mewn ffordd gwbl wahanol. Gwahanol yn y modd y mae'n cael ei fwydo, nid â'r llaeth arferol gan y gweinyddesau, ond â bwyd sydd yn uchel iawn mewn protin ynghyd â nifer ychwanegol o ensymau o'r chwarennau yng nghorff y gweinyddesau, sef bwyd a elwir yn jeli brenhinol. Bwyd i dywysoges yw hwn sydd yn gwneud i'r cynrhonyn dyfu mor gyflym fel y bydd yn rhaid lledu ac ehangu'r gell yn ddyddiol.

Yn union fel cell y gweithwyr mae'r gell frenhinol yn cael ei chau gyda chaead o gŵyr ar y nawfed diwrnod gan adael i'r frenhines wau ei gwisg o sidan wrth iddi bryfenni. O'r diwrnod, yn wir, bron o'r awr y mae'r gell gyntaf yn cael ei chau mae yna ryw anesmwythyd yn cyniwair drwy'r cwch. Mae yna nifer o baratoadau wedi cael eu gwneud yn barod cyn hyn. Rai diwrnodau cyn hyn mae dogn maeth y frenhines wedi cael ei gwtogi er mwyn iddi feinhau fel y bydd yn abl i hedfan gyda'r haid pan ddaw'r awr. Wrth reswm, mae nifer yr wyau a ddodwyir ganddi wedi lleihau hefyd gan nad yw'n cael cymaint o faeth. Erbyn hyn mae'n medru symud yn gyflymach o gwmpas y fframiau ar ôl cael yr ymarfer o gadw'n heini!

Fe ddaw'r awr dyngedfennol yn o fuan ar ôl i'r gell frenhinol gyntaf gael ei chau, hynny yw os bydd y tywydd yn ffafriol. Gan fod hyn i gyd yn digwydd ym misoedd yr haf, mwy na thebyg y ceir llygedyn sych, heulog i heidio.

Mae'r awr fawr wedi dod! Awr y rhyddid a'r ansicrwydd o adael yr hen gartref i chwilio am un newydd. Fel brwdfrydedd plant mae'r gwenyn, yn weithwyr ac yn wrywod, hen ac ifanc, yn llythrennol lifo allan trwy fynedfa'r cwch, yn un llifeiriant pendramwnwgl o lawenydd. Hedfanant o gwmpas yn un cwmwl du, yn gwau trwy ei gilydd fel dawns hedegog. Nac ofned neb sydd yn digwydd bod yn bresennol ar yr adeg hon gan fod y gwenyn mewn hwyliau da â'u bryd bellach ar fwynhau awr o ryddid cyn y gwaith caled o sefydlu cartref newydd, yn hytrach nag amddiffyn yr hen gartref. Ymhen ychydig funudau mae'r cwmwl o wenyn yn dechrau ymsefydlu ar gangen neu frigyn o goeden ychydig lathenni o'r hen gartref gydag arogl y frenhines, sydd bellach yn un o'r cwmni, yn eu denu ati. Soniwyd eisoes am y chwarren 'dowch adre/dowch yma' sydd ar ben-ôl yr abdomen; mae defnyddio'r arogl hwn gan rai o'r gwenyn yn denu pob gwenynen strae at y cwlwm. O fewn munudau mae popeth drosodd, yr haid yn glwstwr diddig yn heulwen ac awel prynhawn o haf. Yn yr hen gartref mae popeth bellach yn dawel a digyffro wedi'r holl halibalŵ.

Digon digyffro yw pethau yn yr haid hefyd er bod yna ryw ychydig o fynd a dod gan fod y cyfan bron o'r paratoadau wedi eu gwneud ymlaen llaw.

Mae'r haid wedi ei hysgwyd i mewn i'r cwch gwellt er mwyn ei chario adref. Sylwer ar y gwenyn sydd ar y lliain yn ffanio arogl eu chwarren Nasonov i ddenu'r rhai sy'n hedfan o gwmpas.
Llun: Dinah Sweet

Tua'r un amser ag y dognwyd bwyd y frenhines er mwyn ei pharatoi i hedfan mae yna nifer o sgowtiaid wedi gadael y cwch i chwilio am le addas i ailgartrefu. Chwilio dyfal hwnt ac yma a dod ar draws nifer, efallai, o fannau posibl i gartrefu. Pob un sgowt yn ei dro yn dychwelyd i'r cwch ac yn dawnsio'r ddawns sigl-di-gwt y soniwyd amdani wrth gasglu neithdar. Y tro hwn y pellter a chyfeiriad y cartref newydd yw'r wybodaeth a gyfleir. Gan fod yna fwy nag un man dewisedig rhaid fydd i'r sgowtiaid ymweld â'r mannau a gymeradwyir gan eu cyd-sgowtiaid nes iddynt, o'r diwedd, ar ôl mynychu pob un, ddod i gasgliad pa un sydd orau. Erbyn i'r haid ddod allan mae'r penderfyniad am y cartref wedi ei wneud ac o'r herwydd, gan fod y dewis drosodd nid hir yr erys yr haid ar y gangen. Try'r sïo tawel bellach yn anesmwythyd, yr anesmwythyd yn wylltineb o hedfan ac i ffwrdd â'r cyfan i gyfeiriad y cartref newydd.

Ond, ar y llaw arall, oni fydd unfrydedd am fan y cartref gall yr haid aros yn ei hunfan am oriau ac efallai am ddyddiau. Nawr mae'r sgowtiaid yn fwy prysur fyth a sigl y dawnsfeydd gwahanol i'w gweld yn fwy amlwg ar wyneb y clwstwr, gwahanol am nad oes unfrydedd wedi bod. Efallai'r pryd hwn bydd yn rhaid gwneud y gorau o'r gwaethaf drwy hedfan am filltir neu ddwy a glanio mewn rhyw fan arall. Ceir cyfle o'r fan hyn i'r sgowtiaid chwilio dros dir newydd am gartref. Ar adegau prin fel hyn bydd yn rhaid bodloni ar ddŵr ambell

Ar ôl cael eu taflu ar fwrdd yn goleddu o flaen cwch gwag maent yn fwy na pharod i gerdded i mewn.

Llun: Dinah Sweet

eglwys, simnai rhyw dŷ neu tan fondo lletach na'r cyffredin, ond eithriad yw sefyllfa fel hyn. Mae bron pob gwenynwr wedi gadael cwch gwag yn ei wenynfa i annog ei heidiau neu heidiau ei gymydog i ymgartrefu ynddynt.

Mae yna hen gred fod gwneud sŵn mawr fel taro sosbenni, neu debyg, wrth ei gilydd yn medru gwneud haid ar ei hadain i lanio. Coel gwrach. Ond mae yna ryw sail i'r stori serch hynny. Mae gen i ryw syniad fod Cyfreithiau Hywel Dda yn sôn y medrai person hawlio ei haid hyd yn oed os oedd wedi glanio ar dir rhywun arall. Yn y cyfnod yma roedd gwerth mawr i haid o wenyn. Pwrpas y bwrw'r tuniau a chreu sŵn oedd profi i bawb fod y perchennog yn dilyn ei haid ac y gallai felly ei hawlio. Cred eraill fod chwistrellu dŵr neu geisio taflu pridd mân drosti yn gwneud iddi ddisgyn ond, yn fy marn i, unwaith y mae'r haid wedi penderfynu ar leoliad y cartref nid oes dim fedr ei hatal.

Ar ôl penderfynu ar safle'r cartref newydd mae'n rhaid arwain yr haid yno. Nid y frenhines fydd yn gwneud hyn ond yn hytrach y sgowtiaid, y rhai hynny fu'n chwilio a phenderfynu ar y safle. Rhaid iddynt nawr arwain yr haid trwy ddefnyddio arogl y chwarren Nasonov, yr arogl 'dowch adref' hwnnw, yn ystod y daith. Oherwydd chwa'r adenydd bydd yr arogl hwn yn cael ei ledaenu o gwmpas yr haid gan ei harwain yn sicr i'r man dewisedig. Bydd rhai o'r sgowtiaid wedi achub y blaen i aros wrth fynedfa'r cartref, eto yn chwythu'r arogl fel golau harbwr i long yn y nos. Pwy fuasai'n meddwl fod cymaint manylrwydd a threfn yn perthyn i'r fath greaduriaid?

Mae'r gwenynwr yn aml yn cael galwad i gasglu haid sydd heb ymgartrefu, gorchwyl y dylai pob gwenynwr gwerth ei halen fod yn barod i ymgymryd ag e bob amser. Yn gyntaf, am y medr haid, yn enwedig os yn gynnar yn y tymor, fod o werth iddo. Yn ail, am ei bod yn ddyletswydd arno i waredu cymdogion o'r broblem gan fod diffyg gwybodaeth ac ofn gwenyn yn rhywbeth cynhenid i'r cyhoedd. Cwestiwn mawr y dibrofiad bob tro yw sut mae eu cael o'r fan lle maent wedi ymgasglu a'u cael i mewn i gwch. Os ydynt wedi clymu mewn man hwylus yna gwaith syml yw eu hysgwyd i mewn i ryw gynhwysydd a ddefnyddir gan y gwenynwr – yn aml yn ddim amgenach na bocs cardfwrdd. Os yw'r frenhines yn y bocs bydd y gwenyn fawr o dro cyn ymuno â hi gan gael eu denu eto gan chwarren y 'dowch yma'. Er mwyn cael y cyfan i mewn gwell gadael y bocs, ar ôl rhoi cysgod iddo, yn y man a'r lle tan yr hwyr gan y bydd yr hedfan i gyd drosodd erbyn hynny. Tipyn mwy cymhleth fydd pethau os nad yw'r haid mewn lle hwylus gan y bydd yn rhaid i'r gwenynwr ddefnyddio'i brofiad i'w mygu neu eu brwsio bob yn dipyn i mewn i'r bocs.

Yn yr hwyr rhaid mynd â'r haid i'r wenynfa lle bydd y gwenynwr wedi paratoi cwch llawn o fframiau pwrpasol ar ei chyfer. Rhaid i'r cwch fod wedi ei godi ryw droedfedd oddi ar y ddaear gyda bwrdd llydan o bren ar oledd o'r ddaear i fyny i fynedfa'r cwch – yn union fel cael anifeiliaid i mewn i lori. Mae'n fantais rhoi lliain dros y bwrdd fel y medr y gwenyn gael gafael wrth gerdded i mewn. Nawr rhoed ysgydwad dda i'r gwenyn allan o'r bocs fel eu bod yn disgyn ar y bwrdd goleddol ac fe gerdda'r gwenyn i mewn i'r cwch heb nemor un yn hedfan gan mor falch ydynt o gael cartref newydd. Yn ystod hanner can mlynedd o wenyna dyma'r olygfa yr edrychaf ymlaen fwyaf at ei gweld o hyd. O sylwi'n ofalus fe welir fod rhai o'r gwenyn yn sefyll yn eu hunfan tra mae eraill yn cerdded drostynt i mewn i'r cwch. Pam? . . . dwn i ddim. O sylwi'n ofalus hefyd gellir ar dro weld hithau'r frenhines yn brasgamu tua'r fynedfa ac o'r funud yr â hi i mewn mae hymian y dyrfa'n codi i draw uwch. Munudau yn ddiweddarach mae'r cyfan drosodd heb nemor wenynen ar ôl ar y bwrdd. Syml!

Cael Rhagor o Deulu eto trwy Heidio

Trwy'r cyfan, cyn belled, rwyf wedi ceisio canu clodydd y gwenyn – am eu trefnusrwydd, eu diwydrwydd a'r hud sy'n perthyn iddynt. Ond ar brydiau rwy'n colli ffydd. Colli ffydd oherwydd na fedraf ddirnad pam mae'n rhaid iddynt weithredu mewn modd sy'n gwbl annealladwy i mi. Ar ôl cenedlaethau o ysgrifennu, canrifoedd o astudio ac o ymchwilio, eto i gyd mae yna gymaint sy'n dal yn ddirgelwch i'r gwenynwr. 'Dwy ddim yn meddwl fod yna unrhyw weithgarwch a gyflawnir ganddynt yn ddireswm, er ei fod yn edrych i ni felly oherwydd ein diffyg dirnadaeth.

Cymerwch y broses o heidio a drafodwyd yn y bennod flaenorol. Maent wedi paratoi mwy nag un gell brenhines, efallai hanner dwsin neu fwy, gyda gwyryf ifanc yn mynd i ddeor o bob un ohonynt yn eu hamser a hynny pan mae angen dim ond un. Mae'r haid wedi ymadael yn fuan wedi i'r gell gyntaf gael ei chau ac yn yr oriau sy'n dilyn bydd pob cell yn eu tro yn cael eu cau hefyd. Yn ystod y dyddiau nesaf bydd gwyryf ar ôl gwyryf yn deor yn yr hen gartref er nad ond oes ond angen un. Medrwn fel gwenynwyr ddeall yr angen am ddwy efallai rhag ofn i rywbeth ddigwydd i'r gyntaf, ond pam hanner dwsin neu fwy. Mae'n amlwg fod ein rhesymeg ni yn dra gwahanol i resymeg y gwenyn.

Yn aml pan enir y wyryf gyntaf bydd cyfran o wenyn y cwch yn amharod i'w derbyn ac yn penderfynu heidio eto gyda hi. Haid fach fydd hon sy'n cael ei galw gan wenynwyr yn 'cast'. Wyddoch chi ddim i ble yr hedfana hon gan fod brenhines ifanc yn aml yn ddi-ddal! Gall yr un peth ddigwydd gyda'r ail wyryf ar ôl deor, a hefyd y drydedd ac ymlaen yn wir nes i'r hen stoc fynd yn gwbl ddiwerth oherwydd prinder gwenyn. Rhaid fydd i'r gwenynwr ymyrryd cyn i'r wyryf gyntaf ddeor neu yn union ar ôl hynny. O beidio gwneud hyn mewn pryd gall y gast gyntaf, os gellir ei dal, droi allan yn stoc arbennig o dda erbyn y tymor nesaf gyda'i brenhines ifanc. Dyw'r castio hwn ddim yn digwydd bob tro oherwydd i'r wyryf gyntaf rybuddio'r lleill mai hi sydd am fod yn fam y cwch. Gwna hyn trwy wneud sŵn fel un nodyn pib. Ambell dro clywir y gwyryfon eraill yn ateb yr un sŵn i'w herio ond buan y cânt eu brathu yn eu crud gan y wyryf gyntaf drwy help y gwenyn. Dyma'r unig dro y defnyddia'r frenhines ei cholyn.

Ambell dro, os bydd y stoc yn castio, gall fod yna nifer o wyryfon ymhlith y deiliaid, yn enwedig os yw'r tywydd wedi bod yn anffafriol i hedfan. Mae cast o'r fath yn gur pen i bob gwenynwr am fod y gwyryfon yn heini ar eu hadenydd, ac felly'n alluog i hedfan i ben coed uchel cyn casglu at ei gilydd. Yn aml mae'r cast yn ddi-ffurf ac efallai yn ymffurfio yn nifer o bentyrrau, gyda nifer o wenyn wedi casglu o gwmpas gwahanol wyryfon. Mae'n anodd iawn felly eu cael i fynd mewn i gartref newydd gan fod y gwyryfon

Y gwenynwr yn ei wisg wen.

yn gwybod fod yna ymladdfa o'u blaen; ymgodymant â'i gilydd nes i'r gryfaf drywanu'r lleill â'i cholyn. Os na fydd y frwydr wedi digwydd mae'r cast yn aml yn gadael y cartref dros dro ac yn hedfan i ffwrdd, ŵyr y gwenynwr ddim i ble.

Cofiaf un prynhawn o haf gael galwad am gymorth oddi wrth wenynwr digon profiadol. Roedd un stoc wedi heidio, yntau wedi ei ddal ar un o'i goed afalau, ac yn barod i'w chartrefu gyda'r hwyr. Gwell cartrefu gwenyn bob amser gyda'r hwyr, gan eu bod yn fwy parod i dderbyn y cartref a heb fawr ohonynt yn barod i hedfan o gwmpas. Fel pob gwenynwr doedd e ddim am i'r stoc gastio ac i arbed hyn roedd yn ofynnol edrych am bob cell brenhines yn y cwch a'u difa i gyd ond un. Dyma ddull gwenynwyr o atal castio trwy beidio rhoi dewis i'r gwenyn – rhaid iddynt ddewis y gyntaf gan nad oes yr un arall!

Wrth archwilio'r fframiau yn y bocs magu lle'r oedd y mag, yn sydyn gwelwyd fod un gell brenhines wedi agor a'r wyryf wedi cnoi ei ffordd drwy'r cwyr a'i rhyddhau ei hun o'i chrud. Yn lwcus fe'i gwelwyd yn rhuthro o gwmpas ar un o'r fframiau; rhuthro yw'r gair

'Ei fwcio fo, sarjant?'
'Na, aseilam!'

gan y medr gwyryf ifanc fod mewn dau fan yr un pryd bron oherwydd ei gwylltineb. Fe'i daliwyd a chan fod bocs matsys bob amser wrth law, fe'i rhoddwyd ynddo gyda rhyw ddwsin o wenyn i gadw cwmni iddi. Y rheswm dros ei chaethiwo oedd oherwydd ei bod yn bosib fod yna wyryf arall wedi rhyddhau ei hun o'i chell. Gorffennwyd yr archwiliad gan adael un gell yn unig ar ôl, a'r dewis wedi cael ei wneud trwy brofiad y ddau wenynwr. Roedd y wyryf a'r bocs matsys yn ddiogel ym mhoced frest y siwt wen i'w chadw'n gynnes. Gwisgir dillad gwyn wrth drafod gwenyn bob tro am fod dillad felly yn fwy cyffforddus yn y gwres ac am nad yw gwenyn yn or-hoff o liwiau tywyll. Peidier â gofyn pam!

Daeth yr amser i fynd adref ac wedi diosg y wisg wen rhoddwyd bocs matsys y wyryf ger ffenestr flaen y car yn haul yr hwyr brynhawn. Mae'n bwysig cadw brenhines neu wyryf, boed mewn bocs matsys neu gaets, yn rhesymol gynnes, tua gwres y corff. Rwyf wedi cadw llawer brenhines sbâr yn fyw am ddyddiau ym mhoced y crys a than y gobennydd yn y nos – heb fod neb yn gwybod ond y fi!

Secsi!

Ar y ffordd adref y noson honno rhaid oedd llanw'r bib i gael mygyn ar ôl bod yn llwyddiannus yn y gwaith. Yn ddifeddwl estynnwyd at y bocs matsys oedd wrth ffenestr flaen y car i danio'r baco. Beth ddaeth allan ond gwyryf a hanner dwsin o'i morynion! Gan fod hyn wedi digwydd ar stryd fawr y dref rhaid oedd troi i'r stryd fach agosaf i chwilio am y dywysoges. Mae brenhines neu wyryf sbâr yn ddigon gwerthfawr ganol haf i'r gwenynwr neu i un o'i gyd-wenynwyr os digwydd rhyw anffawd neu fod stoc wedi mynd yn ddifrenhines. Roedd drws y gyrrwr led y pen ar agor a minnau ar fy ngliniau ar ganol y ffordd wrth geisio cael y wyryf yn ôl i'r bocs. Gan fod fy holl fryd ar ailgarcharu'r dihangol ni chlywais ac ni sylwais ar neb yn nesu nes i lais uwch fy mhen ddweud, *'And what do you think you are doing, blocking the traffic?'* Gan fod y cwestiwn yn Saesneg atebais yn yr un modd, *'I'm looking for the queen!'*, rhywbeth oedd yn hollol wir. Plismon oedd perchennog y llais a galwodd ar ei gyd-blismon oedd yn y car ar y ffordd fawr, *'Bring the bag, this one is well away'*. Wedi rhoi esboniad iddo nad oeddwn yn feddw ac yn fwy fyth wedi iddo ef ddeall mai gwenyn oedd achos y ffwdan, fe ddiflannodd fel cath i gythrel. Ni chlywais ddim mwy ond sgrech olwynion ei gar wrth iddo roi ei draed yn y tir.

Medr y gwenynwr elwa ar ysfa'r gwenyn i gynhyrchu toreth o wyryfon trwy ddefnyddio'r celloedd o'r hen gartref i wneud mwy nag un cnewyllyn *(nucleus)*. Cnewyllyn yw rhan o gwch yn cynnwys rhyw bedair neu bum ffrâm a fydd, o'i fwydo a gofalu amdano, yn datblygu'n stoc gref erbyn y tymor nesaf. Mae'n rhaid i'r gwenynwr bob amser baratoi yn ystod yr haf ar gyfer ei stoc wenyn y gwanwyn nesaf. Gan nad oes rhyw lawer o ddyfodol i'r hen stoc i gasglu toreth o fêl gall y gwenynwr achub mantais trwy baratoi un neu ddau gnewyllyn ohoni ar gyfer y dyfodol. I wneud cnewyllyn rhaid cymryd un ffrâm o fwyd, sef mêl a phaill, o'r bocs magu a'i rhoi yn y bocs cnewyllyn. Yna ychwanegu rhyw ddwy neu dair ffrâm yn cynnwys mag ac un neu ragor o gelloedd brenhines heb eu cau, neu wedi eu cau. Wedyn ysgydwer ffrâm arall o wenyn i mewn i'r cnewyllyn. Nawr llanwer yr hen gartref a'r cnewyllyn â fframiau gwag. Yn fras, dylai'r un faint o fag a gwenyn fod ar ôl yn yr hen gartref ag a geir yn y cnewyllyn ond, ar yr un pryd, rhaid gofalu fod un neu fwy o gelloedd brenhines yn y ddwy adran. Does dim perygl i'r gwenyn yn y naill na'r llall gastio gan fod y gwenyn yn llwyr ystyried eu bod wedi eu gwanhau ac felly'n barod i'r wyryf gyntaf a ddeora ladd ei chwiorydd.

Bellach mae gan y gwenynwr ddau gnewyllyn, un yn yr hen gartref a'r llall yn y bocs cnewyllyn. Fe fydda i bob amser yn cau'r cnewyllyn fel na fedr yr un wenynen ddianc a'i symud i fan arall o leiaf ryw dair milltir i ffwrdd. Mae ei adael yn yr un wenynfa â'r hen gartref yn rhoi cyfle i'r gwenyn hedfan yn ôl adref ac felly wanhau'r cnewyllyn. Dyw hyn ddim yn digwydd os byddant wedi cael eu symud. Bydd rhai gwenynwyr, y rhai hynny heb le arall i'w symud iddo, yn gwthio porfa yn dynn, dynn i fynedfa'r cwch cnewyllyn, yn wir mor dynn fel na fedr yr un wenynen ddod allan. Erbyn trannoeth mae'r borfa wedi gwywo rhyw ychydig ac wedi llacio – llacio digon i alluogi'r gwenyn ei symud o'r ffordd a'u rhyddhau eu hunain. Mae gwenyn, ar ôl cyfnod o gaethiwed, yn ailfarcio eu cartref pan ddônt allan ac felly'n anghofio safle eu hen gartref.

Gwelir fod yna ddrwg a da mewn heidio. Y drwg yw bod y criw

gweithwyr sy'n casglu'r neithdar i wneud mêl yn cael eu haneri wrth heidio ac fel y nodwyd nid yw'n bosibl i'r ddau hanner – yr hen stoc a'r stoc newydd – gasglu toreth o fêl oni fydd yr heidio wedi digwydd yn gynnar yn y tymor. Yn wir, ar dywydd gwael, mae'n bosibl y bydd yn rhaid eu bwydo. Ar y llaw arall, gall y gwenynwr, fel

Celloedd brys. Adeiledir y celloedd brenhines hyn pan mae angen brenhines newydd ar frys.

yr esboniwyd, ychwanegu at ei stoc. Mae'n bosibl cael tair stoc allan o un – yr haid wreiddiol o'i dal, cnewllyn yn yr hen gartref a'r cnewyllyn mewn bocs cnewyllyn, ond rhaid aros am dymor i gael y gorau allan o'r rhain.

Os yw'r gwenynwr o ddifrif am gael cynhaeaf o fêl, a'r tywydd yn caniatáu, rhaid ceisio atal pob stoc i heidio. Mae yna nifer o ddulliau'n cael eu cymeradwyo, rhai yn gymhleth dros ben. I'r dibrofiad, tybia ef mai'r ffordd symlaf yw archwilio'r bocs magu bob naw diwrnod a difetha pob cell brenhines, sef cyn bod y celloedd brenhines yn cael eu cau ac felly cyn i'r haid hedfan allan. Fodd bynnag, o wneud hyn mae tuedd yn y gwenyn i gynhyrchu mwy a mwy o gelloedd breninesau bob tro yn eu rhwystredigaeth, ac o'r diwedd adeiladant gelloedd brys, fel y sonnir yn nes ymlaen, gan heidio o fewn tri neu bedwar diwrnod i archwiliad diwethaf y nofis. Y tro hwn mae perygl i'r gwenyn i gyd fynd gyda'r haid.

Mae'r dulliau sy'n cael eu cymeradwyo i gyd yn dibynnu ar symud y frenhines oddi wrth yr wyau a'r mag a'i rhoi mewn bocs yn llawn o fframiau di-fag. Anhawster pob dull i'r nofis yw bod yn rhaid dod o hyd i'r frenhines ond os oes marc arni, dyma pryd y gwelir gwerth hwnnw. Rwy'n meddwl mai'r dull a ddefnyddir fwyaf yw'r dull a elwir yn heidio artiffisial. Dyma'r broses: mae'r gwenynwr yn gweld pa stoc sy'n mynd i heidio wrth iddo drafod ei wenyn bob naw diwrnod i chwilio am gelloedd breninesau. Yn fy marn i mae'r gwaith

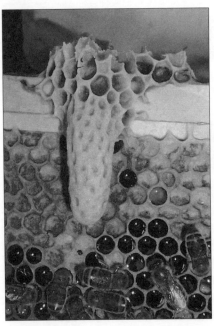

Cell ddisodli – un yn unig ran amlaf.
Llun: Claire Miller

o chwilio am y rhain yn cael ei hwyluso trwy gadw'r frenhines nid yn unig mewn un bocs mag ond yn hytrach mewn un bocs mag ac un bocs o faint llofft fêl.

Nodais eisoes y gelwir y maint yma o nyth y frenhines yn ddull 'un a hanner'. Os oes celloedd brenhines yn cael, neu wedi cael, eu ffurfio yn y cwch yna yn sicr fe'u gwelir yn y llwybr gwenyn rhwng y ddau focs. I wneud yr ymchwil naw diwrnod does dim ond eisiau hollti'r nyth rhwng yr 'un a'r hanner' ac fe welir yn union a oes celloedd yn cael eu paratoi. Mae angen gwneud yr ymchwiliad yma yn gyson rhwng dechrau Mai a chanol Gorffennaf.

Os oes celloedd yn cael eu paratoi, neu yn nhyb y gwenynwr fod y stoc yn eithriadol o gryf, yna rhaid i'r gwenynwr weithredu. Rhaid symud y cwch ryw ddwy lath o'i le gwreiddiol a rhoi bocs gwag i lawr yn ei le. Rhaid cael nifer o fframiau gwag yn barod, yn cynnwys rhai gyda llenni cwyr. Nawr rhaid chwilio am y frenhines yn y cwch gwreiddiol ac, ar ôl ei chael, ei dodi yng nghanol y bocs magu gwag. Os oes yna fframiau o fwyd yn y bocs magu gwreiddiol gellir eu rhoi ar y pen yn y bocs newydd, ond gofaler nad oes 'na fag nac wyau ynddynt. Llanwer y bocs newydd â'r fframiau gwag, yn cynnwys rhai fframiau â llenni cwyr, ac yna doder y wahanlen ar ei ben. Gellir nawr drosglwyddo'r llofftydd mêl i ben y cwch hwn hefyd. Mae'r frenhines bellach mewn bocs yn cynnwys fframiau gwag a'r gwenynwr wedi twyllo'r gwenyn a'r frenhines eu bod wedi heidio! Rwyf wedi nodi y dylid rhoi rhai fframiau yn cynnwys llenni cwyr ym mocs y frenhines oherwydd, wrth heidio, neu hyd yn oed pan dwyllir hwy eu bod wedi heidio, maent yn barod iawn i gynhyrchu cwyr. Rhaid i'r gwenynwr achub mantais ar hyn i gael fframiau glân newydd wedi eu hadeiladu.

Os oes celloedd brenhines wedi cael eu dechrau yn y bocs gwreiddiol gellir ymdrin â'r broblem trwy wneud un neu ddau gnewyllyn fel yr esboniwyd yn y bennod flaenorol. Os nad oes celloedd brenhines yna ni fydd y gwenyn fawr o dro cyn cynhyrchu brenhines. Er mwyn gwneud yn siŵr nad yw'r gwenyn wedi paratoi celloedd brys o gynrhon sydd yn rhy hen, gwell fyddai i'r gwenynwr, ymhen rhyw dri diwrnod, edrych trwy'r cwch a thorri allan bob cell frys sydd wedi ei chau gan adael celloedd breninesau agored yn unig. Ni fydd perygl bellach iddynt heidio gan eu bod yn rhy brin o wenyn. Os nad yw'r gwenynwr yn sicr o hyn, yna, ar ôl iddo weithredu gyda'r celloedd, symuded y cwch gwreiddiol hwn i fan arall yn y wenynfa. Pan ddaw'r gwenyn allan i hedfan fe ddychwelant wedyn i'w hen safle sydd yn agos at y cwch newydd. Byddant fawr o dro cyn ymuno â'u perthnasau.

Mae hyn yn arwain at agwedd arbennig ym myd y gwenyn lle medrant oresgyn y trychineb mwyaf posibl ym myd y cwch – colli'r frenhines a hynny yn sydyn ac ar ddamwain. Gan amlaf mae hyn yn deillio o letchwithdod y gwenynwr drwy fod y frenhines yn cael ei lladd wrth drafod y cwch neu yn syrthio i'r borfa ac yn methu dod 'nôl. Rhuthra'r gwenyn o gwmpas yn eu colled gan fod fferamon sylwedd y frenhines wedi peidio. Ymhen rhai oriau mae popeth wedi tawelu a'r sefyllfa mewn llaw. Mae nifer o gelloedd cyffredin y gweithwyr wedi cael eu dewis, rhai sy'n cynnwys cynrhon o dan dri diwrnod oed. Eir ati i ledu'r celloedd hyn a'u hymestyn i hongian tuag i lawr fel trwnc eliffant. Rhaid i gell brenhines bob amser hongian tuag i lawr. Yr un pryd rhaid i'r gwenyn ifanc, sef y gweinyddesau, baratoi bwyd arbennig, y jeli brenhinol, i'r dewisedig gynrhon. O fwydo felly am dri neu bedwar diwrnod cyn selio'r celloedd ar y nawfed diwrnod, medr y gwenyn wyrdroi cynrhonyn fydd wedi ei fwriadu i fod yn wenynen gyffredin, i fod yn wyryf frenhines fydd yn ei rhyddhau ei hun o'i chell ymhen pymtheg diwrnod. Gelwir y celloedd hyn yn gelloedd brys neu gelloedd argyfwng *(emergency cells)* ac maent i'w gweld nid mewn corneli hwnt ac yma fel celloedd breninesau sydd yn paratoi i heidio, ond yn hytrach ar wyneb y ffrâm ynghanol y mag. Rhaid i'r cynrhonyn fod ddim mwy na thri diwrnod oed. Gall y gwenyn hefyd gynhyrchu celloedd brys yn seiliedig ar wyau yn hytrach na chynrhon.

Mae yna, ambell dro, stoc o wenyn y byddai pob gwenynwr yn rhoi'r byd am gael dwsin ohonynt, sef gwenyn sydd â'r gallu o ddisodli'r hen frenhines heb heidio *(supersedure)*.

Pan mae'r frenhines ar fethu cynnal y stoc fe baratoir rhyw ddwy neu dair cell brenhines, ambell waith dim ond un, ac yn aml heb fod y gwenynwr wedi sylwi. Yn aml hefyd ni fydd wedi dirnad fod yna frenhines newydd ar waith yn y stoc. Lawer gwaith yn y sefyllfa yma rwyf wedi gweld dwy frenhines, y fam a'r ferch, yn hapus ddigon ar yr un ffrâm. Serch hynny peth anghyffredin iawn yn y cwch yw dwy frenhines, a dim ond am ychydig ddyddiau yn unig y pery hyn.

Wrth fynd heibio, teg yw nodi fod yna resymau eraill, heblaw'r gwir awydd, sy'n gwneud i wenyn heidio. Mae gordrafod yn un rheswm. Rwyf wedi sylwi, ar brydiau, os nad yw popeth yn hapus o fewn y stoc y gall hyn arwain at heidio. Yn aml, heidiau bach yw'r rhain gan nad yw'r stoc wedi tyfu i'w llawn dwf. Yn aml, ar ôl cartrefu'r heidiau hyn gwelir fod y frenhines yn gwanychu ac yn y diwedd yn methu. Clywais, ond ni welais, am heidio o achos diffyg bwyd, rhyw heidio o newyn, ond nid yw hyn yn gwneud rhyw lawer o synnwyr gan mai gwaethygu'r sefyllfa a wna hyn.

Rwyf wedi treulio dwy bennod yn ceisio trafod heidio. Does dim angen ymddiheuro am hyn oherwydd dyma bennaf waith y gwenynwr dros dymor yr haf, ac efallai yn wir mai'r ffenomen yma yw'r un a dretha ei amynedd fwyaf o'r holl weithgarwch. Os nad yw'r gwenynwr yn barod i roi ei amser i'r gwenyn yn y cyfnod yma yna ni cheir cynhaeaf o fêl, na chwaith wenyn i lanw'r wenynfa'r tymor nesaf.

Y Tad – Y Gwenyn Diog

Mae'r merched, sef y gweithwyr a'r frenhines, wedi cael y sylw i gyd hyd yn hyn ond rhaid troi at y gwryw nawr, sef y gwenyn diog, y gwenyn segur, y gwenyn gormes neu'r bygegyr. Pam yr enwau hyn, dwn i ddim er bod yna ryw sail i'w galw'n ddiog. Mae gwaith ymchwil erbyn hyn yn rhyw led gredu fod yna ryw werth, heblaw'r hyn sydd yn amlwg, iddynt o fewn y cwch. Fydda i byth yn eu galw yn wenyn gormes gan nad oes gormesu yn eu hanes o gwbl. Efallai fod yna ryw ystyr arall i'r gair na wn i. Hen air mi debygaf yw'r 'bygegyr' ac fe ymddangosdd yn y *Gwenynydd* yn 1888.

Beth bynnag yw'r enw mae yna un rhyfeddod mawr yn perthyn iddynt. Credwch neu beidio, does ganddynt ddim tad. Plentyn y fam yn unig yw'r gwryw a dyw hyn ddim yn hollol unigryw ymhlith pryfetach. Ond, yn rhyfeddach fyth, os nad oes ganddynt dad, mae ganddynt dad-cu/taid o ochr eu mam.

Mae cell eu magu yn debyg i gell arferol gweithwyr ond yn fwy. Am ryw reswm, bron yn ddieithriad, pan mae'r gwenyn yn adeiladu celloedd ar len o gŵyr byddant mewn rhyw gornel neu'i gilydd yn darnio rhan o'r llen gŵyr i adeiladu celloedd gwenyn segur. Efallai yn ystod y tymor na fydd angen y gwryw o gwbl ond mae'n rhan o natur y gwenyn ym mhob cwch i fagu rhai cannoedd ohonynt. Nid oes cydbwysedd o fewn y cwch, yn ôl y gwenyn, oni fydd gwrywod yn bresennol.

Mae'r wenynen hon yn ddi-dad am fod y frenhines, pan ddodwya ŵy mewn cell gwrywod yn sicrhau fod yr ŵy hwnnw heb ei ffrwythloni. Ar y llaw arall mae pob ŵy a ddodwyir mewn cell gweithwyr wedi ei ffrwythloni. Mae yna lawer dadl a chrafu pen wedi mynd ymlaen hyd heddiw sut y gŵyr y frenhines pryd i ddodwy ŵy ffrwythlon mewn un gell ac ŵy diffrwyth mewn cell arall. Gall y ddau fath o gelloedd fod nesaf at ei gilydd, eto i gyd mae'r frenhines yn dodwy math o ŵy gwahanol ynddynt. Myn rhai arbenigwyr mai maint y gell sydd yn rhoi'r wybodaeth i'r frenhines. Mae celloedd y gweithwyr yn gulach o ran lled ac wrth i'r frenhines fynd tuag yn ôl i mewn i'r gell i ddodwy mae ochrau ei chorff yn gwasgu yn erbyn

Ffrâm o wenyn diog. Sylwer fod y celloedd yn fwy na chelloedd gweithwyr ac wedi eu capio ar ffurf cromen.

ochrau'r gell. Yn y fath gell mae'n dodwy ŵy wedi ei ffrwythloni. Mae cell y gwryw yn fwy a phrin fod ei chorff yn gwasgu yn erbyn yr ochrau a hyn felly yn dweud wrthi am ddodwy ŵy diffrwyth a fydd ymhen pedwar diwrnod ar ddeg yn esgor ar wenynen ddiog o'r gell honno. 'Dwy ddim am daeru am funud fod y ddamcaniaeth hon yn wir. Mae'r gwir reswm yn un o gyfrinachau byd y gwenyn.

O ran maint mae'r gwryw gryn dipyn yn fwy na'r gweithwyr ac yn gryfach o gorff a chanddo adenydd cryfion oherwydd bydd angen iddo hedfan yn gryf i wneud ei waith. Mae ganddo ddau lygad cyfansawdd, sef llygad yn cynnwys nifer o lygaid llai sy'n rhoi'r gallu iddo weld i bob cyfeiriad yr un pryd. Mae'r llygaid lawer iawn yn fwy na llygaid y weithwraig am fod angen iddo weld yn dda i wneud ei ddyletswydd yn y dyfodol. Mae'r llygad cyfansawdd yn beth cyffredin ym myd pryfed a dyna pam mae'n anodd iawn eu taro cyn iddynt hedfan i ffwrdd.

Roeddwn unwaith mewn Eisteddfod Genedlaethol wedi cael gwahoddiad i siarad â grŵp o ddysgwyr am wenyn. Ar y bwrdd o flaen y rhes flaen o wrandawyr roedd gennyf bot jam hanner llawn o wenyn gwryw. Roeddwn yn meddwl y byddai'r rhain yn fwy diogel i'w dangos na'r gweithwyr am reswm diogelwch; nid felly y bu. Rhywfodd, wrth siarad, a cheisio defnyddio fy nwylo i egluro neu i feimio ystyr rhyw air, trawais yn erbyn y pot jam, a'i fwrw i goel rhyw ladi o wraig a oedd yn eistedd yn union o flaen y bwrdd. Er mwyn i'r gwrywod gael aer nid oedd caead y pot jam yn dynn ac fe agorodd. Roedd y gwenyn diog yn ddiolchgar am eu rhyddid a hedfanodd rhai ohonynt lan sgert a llewys ac i wallt y ladi. Roedd honno'n sgrechian fel mochyn wrth ei ladd, tra oedd eraill yn chwifio'u breichiau fel melin wynt. Gan mai mewn pabell fach y cynhelid y sgwrs roedd yr

Cymry ar Wasgar!

awyr yn ddu o wenyn ac fel mae'n arferol gan wenyn pan gânt eu cynhyrfu roeddent yn arllwys eu hymysgaroedd yn un chwistrelliad melyn dros bawb. Erbyn hyn roedd nifer o'r dynion yn ceisio datgymalu ochrau'r babell yn eu panic i fynd allan tra oedd eraill, oedd yn llai dewr, yn eu cwrcwd o dan y bwrdd a'r cadeiriau. Fu erioed y fath Gymry ar wasgar.

Ond doedd dim angen y fath halibalŵ o gwbl gan nad oes gan y gwenyn gwryw'r modd i frathu; rhyw greaduriaid eithriadol o swnllyd ydynt ond cwbl ddiniwed. Fedran nhw ddim casglu na neithdar na phaill ac fe drengant o newyn oni bai bod y gweithwyr yn eu bwydo.

Rhyw fywyd braf felly, diogi o fewn y cwch a mynd allan am dro yn y prynhawn os yw'r tywydd yn braf a chynnes. Caiff y gwryw ddychwelyd, yn wahanol i'r gweithwyr, i unrhyw gwch heb unrhyw rwystr, a chael croeso. Ond nid croeso felly a gaiff pan ddaw'r hydref gan ei fod bryd hynny'n wrthodedig ym mhob cwch ac yn cael ei hysian allan i'r oerfel a'r gwylwyr wrth y drws yn gwneud yn siŵr nad

Gwenynen ddiog a chanddi lygaid mawr ac adenydd hir.

oes croeso 'nôl. Yn gorff marw o dan y fynedfa yw ei ddiwedd trist. Does dim lle i neb segur dros y gaeaf pan mae'r pantri'n gwacáu a dim yn dod i mewn i lenwi'r silffoedd. Serch hynny, mae ambell gwch yn cadw'r gwrywod dros y gaeaf os yw'r cwch yn ddifrenhines neu fod yna wyryf yno heb ei ffrwythloni ond ofer yw hyn, mewn gwirionedd, gan fod y tywydd yn erbyn paru yn y gaeaf.

Hyd yma mae gwryw wedi bod yn gwbl ddiwerth, ond mae iddo ei awr fawr – wel i rai ohonynt. Ei brif, ac efallai ei unig bwrpas yw priodi gydag unrhyw wyryf ifanc y daw ar ei thraws er mwyn bod yn dad i'w phlant. Tad i'r gweithwyr, cofiwch, ond nid i'r gwrywod. Pan mae'r wyryf ifanc yn rhyw wythnos oed a'r tywydd yn braf a chynnes, mae'n bryd iddi fynd allan o'r cwch i briodi. Mewn ambell lecyn fe geir, eto ar dywydd braf, gymanfa o wrywod wedi ymgasglu at ei gilydd; hedfanant yn ôl ac ymlaen fel gwylanod mewn awel, yn disgwyl rhyw wyryf ifanc i ddod heibio. Os na ddaw'r un, yna 'nôl i'r cwch tan y prynhawn wedyn. Ond os daw un, bob amser yn hedfan yn uchel ac yn gryf, maent i gyd yn cael ffroeniad o'i harogl cyn mynd ar ei hôl. Soniais am yr adenydd cryf a'r llygaid mawr ac yn awr mae'r rhain yn werth y byd. Yn aml dim ond y cryfaf sydd yn medru ei dal ac unwaith y daw i olwg ei lygaid mae'r gwryw'n gwneud ei drefniadau i'w phriodi. Dyma ffordd natur o ofalu fod y cryfaf yn goroesi. Ar ôl y broses o briodi mae offeryn paru'r gwryw yn cael ei rwygo o'i gorff a syrth yn hanner marw i'r ddaear, a ffrwyth ei oes drosodd ar ôl talu'r pris uchaf er mwyn cynnal yr hil!

Mae hithau'r wyryf yn dychwelyd i'r cwch a gwelais rai troeon offeryn y gwryw yn dal yn ei thoracs – gwaith i'r gweithwyr ei dynnu ymaith. Roedd yna gredo mai dim ond unwaith y byddai'r frenhines yn paru ond gwyddom yn well erbyn hyn. Rhaid paru nifer o weithiau, efallai wyth i ddeg gwaith, er mwyn llanw ei chwd had *(spermatheca)*. Dyma'r troeon olaf y bydd yn gadael y cwch, oni fydd rywbryd yn gadael efo'r haid. Bydd ganddi bellach ddigon o had i ffrwythloni miloedd ar filoedd o wyau dros oes o bedair neu bum mlynedd efallai. Os yw'n dal yn fam yn y cwch a'i ffrwythlondeb wedi dod i ben yna bydd pob ŵy yn troi'n wenynen wryw, pa gell bynnag y'i dodwyir ynddo.

Mewn sefyllfa o'r fath bydd y gwenyn wedi sylweddoli bod y fam yn colli'r dydd yn raddol ac wedi mynd ati i fagu brenhines newydd, a dyma'r cylch yn ailddechrau eto. Rydym bellach wedi cael cipolwg ar ddeiliaid y cwch i gyd, yn weithwyr, yn frenhines ac yn wenyn gwryw. Ond mae rhagor i'r stori.

Bwydo'r Teulu – Mêl, Paill a Chwyr

Trafodwyd eisoes mewn pennod flaenorol y dull a'r modd y medr gwenyn gyflwyno gwybodaeth i'w gilydd am flodau sydd â chyflenwad o neithdar. Felly, os yw'r tywydd yn caniatáu, yn gynnes, braf a gorau i gyd os yw'n fwll, y tywydd hynny pan fydd pawb yn methu cysgu'r nos, mae'r gwenyn wrthi fel lladd nadredd yn casglu neithdar. Chwi gofiwch hefyd fel y soniwyd fod gan y gwenyn ifanc eu gwahanol waith o fewn y cwch ond gall fod ychydig newid yn y gweithgarwch ar yr adegau mwyaf prysur pan geir llif o neithdar. Yn y prysurdeb yma bydd rhai o'r gwenyn ifanc yn gorfod troi'n helwyr er mwyn achub mantais ar y llif neithdar a'r tywydd, tra bydd eraill hefyd yn gorfod troi at waith arall am gyfnod.

Storio'r Mêl

Wrth ddychwelyd i'r cwch gyda'r crombil yn llawn neithdar, sydd yn y broses o gael ei droi yn fêl yn ystod y daith, bydd yr helwyr yn trosglwyddo'r llwyth i wenyn ifanc. Bydd llawer o'r rhain, yn y prysurdeb, wedi gorfod gadael eu priod waith neu wedi cael eu gorfodi i wneud dau orchwyl, gan gynnwys dodi'r mêl yn y celloedd. Nid gwaith yr helwyr yw storio'r mêl gan nad oes dim amser ganddynt, dim ond troi ar eu sodlau i gyrchu llwyth arall. Yn ystod y storio mae'r gwenyn ifanc hwythau yn ychwanegu ensymau i gwblhau'r broses o'i droi'n fêl.

Ar gyfnodau fel hyn mae'r cwch yn ferw i gyd gan y gweithgarwch canlynol:

Rhaid dal ati i lanhau'r celloedd i'r frenhines ddodwy ynddynt.

Rhaid bwydo'r cynrhon bach a'u cau yn eu celloedd ar y nawfed diwrnod.

Rhaid bwydo'r frenhines â'r bwyd arbennig a'i llyfu er mwyn gwasgar sylwedd y frenhines i bawb.

Rhaid cynhyrchu cwyr i roi cap ar gelloedd yr ifanc ac i adeiladu mwy o gelloedd i dderbyn y mêl.

Rhaid bod yn wylwyr i gadw pawb dieithr allan rhag ofn bod lladron yn ceisio dod i mewn.

Rhaid gwneud yr holl orchwylion hyn ac ar yr un pryd ddod o hyd i amser i dderbyn y llifeiriant mêl sy'n dod i mewn a'i osod yn y celloedd.

Helwraig yn trosglwyddo mêl i wenynen ifanc i'w storio yn y celloedd.

Mae'n amlwg fod yn rhaid newid y gorchwylion fel y mae'r galw, neu ddyblu'r gwaith. Mae'r alwad i alw am ragor o weithwyr i'r gwahanol dasgau ar adegau arbennig yn cael ei reoli eto gan nifer o wahanol ddawnsfeydd, rhai nad ydym eto wedi eu dirnad. Wrth sylwi ar adegau prysur fel hyn gwelir rhai o'r gwenyn yn gwneud gwahanol ystumiau tra mae eraill yn cyflym nodio eu pennau. Hyd yn hyn nid oes neb wedi dehongli'r symudiadau ond mae'n amlwg mai ffordd o reoli'r anghenion ydynt. Meddyliwch am y streiciau fyddai'n digwydd yn ein byd ni pe byddai gweithwyr yn gorfod neidio o un swydd i'r llall a hynny bron yn ddirybudd!

Ar ddiwrnodau braf mae'r holl weithgarwch hwn yn mynd ymlaen am ddyddiau gyda'r holl dryblith dan reolaeth berffaith – dim *stress*, dim panic. Er bod pawb yn edrych ymlaen at gwsg yn ystod y nos a chyfle i ddadluddedu, na, does dim cwsg ar ddyddiau fel hyn.

Aeddfedu'r Mêl

Pan ddodir y mêl yn y celloedd gan y gwenyn ifanc mae tua wyth deg y cant ohono'n ddŵr. Byddai'r mêl hwn fawr o dro cyn suro ac eplesu oni ellid gostwng y cynnwys o ddŵr i ryw bymtheg y cant – llai na chwarter ei faintioli gwreiddiol. Y ffordd symlaf yn ein byd ni fyddai anweddu'r dŵr drwy ei dwymo, sef ei ferwi, ond does gan wenyn ddim o'r adnoddau hyn, a beth bynnag mae gwres yn medru gwneud mêl yn ddiwerth.

Ar ôl diwrnod caled o waith, a'r casglu drosodd, mae'r gwenyn,

Ffanio aer i mewn i'r cwch er mwyn aeddfedu'r mêl.
Llun: Dinah Sweet

yr hen a'r ifanc, yn ymffurfio'n rhesi i ddau gyfeiriad, o flaen ac wrth ochr ei gilydd, a phob un wedi bachu ei thraed yn y llawr ac yn ochrau mewnol y cwch. Ar un ochr i'r fynedfa wynebant tuag i mewn gan ffanio eu hadenydd mor gyflym â phosibl i chwythu gwynt i mewn i'r cwch. Yr ochr arall i'r fynedfa mae yna gannoedd yn wynebu tuag allan, hwythau yn yr un modd yn ffanio'r awyr allan. Gwynt sych yn cael ei ffanio i mewn a'r gwynt llaith yn cael ei ffanio allan a thrwy gydol y nos mae'r gweithgarwch yn mynd yn ei flaen; gellir clywed yr hymian parhaus lathenni oddi wrth y cwch. Er mwyn cael mwy o arwynebedd i 'sychu' y mêl mae'r gwenyn ifanc, wrth ei storio, wedi ei wasgar dros gannoedd o gelloedd ac yn aml ni fydd y rheiny ond rhyw hanner llawn. Yna, ar ôl yr ymdrech fawr o ffanio drwy'r nos, bydd y mêl wedi cael ei aeddfedu yn barod i'r gwenyn ifanc ei grynhoi i gelloedd llawn. Gan fod y mêl bellach yn aeddfed, yn ddigon isel ei gynnwys o ddŵr, bydd yn rhaid rhoi cap o gŵyr ar bob cell lawn fel y bydd yn cadw'n dda am byth. Roedd yr hen wenynwyr yn credu fod y gwenyn yn rhoi diferyn o wenwyn o'u colyn ar ben y mêl yn y gell lawn cyn ei chapio ond bellach does fawr o goel i hyn.

Yn ystod haf 2004 cafwyd deg diwrnod eithriadol dda yn dilyn ei gilydd i'r gwenyn gasglu neithdar. Ar un o'r nosweithiau hyn, a hithau'n olau leuad fel dydd, euthum i'r wenynfa i weld a oedd y gwenyn yn dal i hel. Roedd y gweithgarwch yn mynd ymlaen fel petai'n ganol dydd gwyn a'r gwenyn yn dod adref yn drymlwythog gyda'u coesau'n hongian odanynt yn barod i lanio. Roedd yna bymtheg cwch yn y wenynfa hon ac fe dybiwn fod y ddaear odanynt yn crynu gan y grwndi a ddeuai ohonynt. Cannoedd ar gannoedd o wenyn yn ffanio a'r borfa o dan bob cwch yn symud yn ôl a blaen dan chwa'r adenydd fel cae ŷd mewn awel. Roedd y cychod wedi eu gosod yn barau ar stand haearn i'w cadw oddi ar y ddaear ac wrth i'r awel gynnes, laith gael ei ffanio allan roedd yn diferu'n ddŵr ar y barrau haearn. Golygfa ryfedd oedd honno yng ngolau'r lleuad a gwres yr hwyrnos yn ferw o rwndi gwenyn.

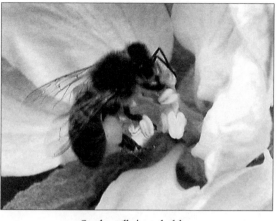

Casglu paill o'r coed afalau.
Llun: Richard Lewis

Casglu Paill

Rhyfedd fel mae natur yn trefnu pethau. Mae blodau wedi eu saernïo yn y fath fodd fel bod y rhan sydd yn cynnwys y neithdar yng ngwaelod y blodyn. Rhaid i'r wenynen felly wthio ei hun yn ddwfn i'r blodyn er mwyn i'w thafod sugno'r sudd melys. I wneud hyn rhaid iddi wasgu yn erbyn y rhan o'r blodyn sy'n cynhyrchu'r paill a gan fod pob rhan o'i chorff yn flewog, a'r blew hynny yn arw a chwrs, mae'r paill yn glynu wrthi. Wrth fynd i'r blodyn nesaf mae'r un peth yn digwydd ond y tro hwn nid yn unig mae'n casglu paill eto ar ei chorff ond mae'n gadael peth o baill y blodyn cynt ar ei hôl. Trwy hyn mae'r blodyn yn cael ei ffrwythloni i ddwyn had ac i barhau ei linach. Mae yna bryfetach eraill sy'n chwilio am neithdar mewn blodau ond eu gwendid fel peillwyr yw eu bod yn mynd i unrhyw flodyn sy'n digwydd bod yn agos. Camp y wenynen fel peillwraig yw ei bod, ar ei siwrnai i gasglu neithdar, yn glynu at yr un math o flodyn. Er mwyn ffrwythloni planhigion rhaid iddynt dderbyn paill o'r un rhywogaeth – dyw paill coeden afalau ddim yn ffrwytho cwrens na phaill mwyar yn peillio meillion. Dywedir fod Einstein wedi dweud, os collir y wenynen yna bydd dyn farw o fewn pedair blynedd o newyn. Heb y gwasanaeth o beillio blodau ni chynhyrchir had a heb had does dim parhad.

Mae'r paill sy'n aros ar gorff blewog y wenynen yn cael ei gribo ganddi â'i choesau. Mae am gario hwn adref oherwydd hwn yw rhan o'i bara beunyddiol. Ar ei choesau ôl mae yna flew hir a bras sy'n

85

Ffrâm o fêl aeddfed wedi ei selio.
Llun: Ithel Jones

medru cau am ei gilydd fel plethu bysedd ac wrth hedfan medr y wenynen gribo ei chorff ac yna drosglwyddo'r gronynnau paill i'r basgedi blew sydd ar ei choesau ôl. Mae paill rhai blodau yn sych iawn ac yn gwrthod cael ei wasgu yn un talp i'r basgedi. I oresgyn hyn mae'r wenynen yn ei wlychu ag ychydig neithdar o'i stumog i'w ludo wrth ei gilydd. Adref yn y cwch, dyma ragor o waith i'r gwenyn ifanc i'w drosglwyddo i'r celloedd. Er mwyn llanw'r gell a gwneud yn siŵr nad oes dim aer ynddo a fyddai'n achosi i'r paill lwydo, mae'r gwenyn yn ei wasgu'n dynn â'u pennau ac yna'n rhoi haen o fêl ar ei wyneb i'w gadw'n feddal cyn rhoi cap o gŵyr ar y gell.

Yn aml nid yw lliw'r paill a geir o flodau yn debyg i liw'r petalau; paill afalau yn felyn, paill y ddraenen wen yn wyrdd, paill meillion yn llwyd a phaill pabi yn ddu. Cofiaf am un hen wenynwr y byddwn yn ei gynorthwyo ar ôl i'w olwg ddirywio, a'r anian yn dal yn ei waed, yn treulio oriau yn gorwedd o flaen mynediad ei gychod yn ceisio gweld lliw'r paill oedd yn cael ei gario i mewn. Gorweddai yno am oriau, heb ddim am ei ben na'i ddwylo, wedi llwyr ymgolli yn y mynd a'r dod. Byddai'n fy ngalw o bryd i'w gilydd ar y ffôn i ddweud fod y gwenyn yn gweithio ar ryw flodyn neu'i gilydd oherwydd ei fod wedi gweld paill y blodyn hwnnw yn cael ei gario i mewn.

Tynnu Mêl

I mi, yr amser i dynnu'r mêl yw diwedd Awst neu ddechrau Medi. Erbyn hyn mae'r prysurdeb drosodd a'r gwenyn wedi tawelu ar ôl sylweddoli fod y cynhaeaf wedi dod i ben. Maent yn medru bod yn ddrwg iawn eu hwyliau pan mae'r llif neithdar yn prinhau a gellir eu gweld yn chwilio o gwmpas am rywbeth i'w ladrata oddi wrth bawb a phopeth. Erbyn diwedd Awst hefyd mae'r mêl yn y cwch wedi aeddfedu ac wedi ei selio â chwyr.

Cyn symud y llofftydd mêl *(supers)* am adref, rhaid cael gwared ar y gwenyn ohonynt. I'r gwenynwr sy'n cadw ond un neu ddau gwch efallai mai'r ffordd orau yw eu brwsio oddi ar y fframiau â brwsh meddal neu adain gŵydd, rhywbeth sydd yn ddigon prin erbyn hyn. Rhaid bod yn eithriadol ofalus i guddio'r fframiau ar ôl eu brwsio a pheidio gadael yr un diferyn o fêl yn y golwg. Unwaith y caiff gwenyn arogl mêl ar yr adeg yma maent yn cynhyrfu cymaint wrth chwilio am fêl i ladrata. Y ffordd fwyaf cyffredin yw defnyddio bwrdd gyda theclyn arbennig ynddo a'i ddodi rhwng y bocs magu a'r llofftydd mêl.

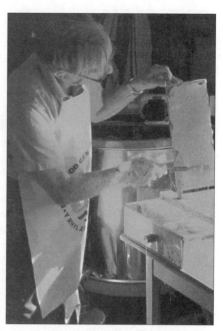

Rhaid torri'r cap o gŵyr i ffwrdd cyn y daw'r mêl allan yn y corddwr.
Llun: Ithel Jones

Mae'r teclyn yng nghanol y bwrdd yn gadael i'r gwenyn fynd i lawr trwyddo i'r bocs magu ond nid yw'n bosibl i'r gwenyn ddod 'nôl i fyny. Ond gwendid y math yma o glirio'r gwenyn yw bod yn rhaid i'r gwenyn gael diwrnod neu ddau i fynd i lawr o'r llofftydd mêl. Mae yna fwrdd sydd yn gwneud y gwaith mewn rhai oriau ond rhaid peidio gadael hwn yn ei le yn hir gan ei bod yn bosibl i'r gwenyn fynd yn ôl i'r llofftydd. Mae angen bod yn ofalus rhag ofn bod yna dwll neu hollt yn y llofftydd mêl neu fe fydd y gwenyn, o bob cwch, wedi arogli'r mêl drwy'r twll neu'r hollt, ac wedi ei ddwyn gan nad oes bellach wenyn yn y llofftydd i'w cadw draw. Gwelais ddwyn cymaint â thrigain pwys o fêl dros nos. Mae'n rhaid i'r gwenynwr ddwyn y mêl yn dawel, llechwraidd, heb lawer o ffws na ffwdan neu fe fydd yr holl wenynfa wedi ei chynhyrfu.

I dynnu'r mêl rhaid wrth beiriant arbennig, peiriant lle mae'r fframiau llawn mêl yn cael eu chwyrnellu o gwmpas i daflu'r mêl allan. Rhyw fath o fuddai wedi ei gwneud o ddur di-staen neu blastig arbennig yw'r peiriant a thu mewn iddo mae yna gaets sydd yn cael

Mêl yn llifo ac yn cael ei fras hidlo. Rhaid fydd ei hidlo eto trwy haen o ddefnydd clòs i gael gwared â'r mân frychau.

Llun: Arwyn Davies

ei droi ar ei echel gan beiriant trydan neu â llaw. Mae'r fframiau mêl yn cael eu dodi yn y caets â'u cefnau tuag allan ac yna eu troi – yn araf i ddechrau ac yna'n gyflymach nes bod y mêl i gyd wedi dod allan. Cyn gwneud hyn bydd rhaid torri'r cwyr sydd wedi selio'r celloedd i ffwrdd. Gwneir hyn â chyllell finiog neu â chyllell drydan sydd yn twymo ei hun er mwyn toddi ei ffordd drwy'r cwyr. Bydd y tafelli cwyr hyn yn syrthio i lestr arbennig lle medr y mêl sydd wedi glynu wrtho hidlo i lestr arall.

Mae'r mêl sy'n dod allan o'r fframiau yn cael ei daflu yn erbyn ochr fewnol y fuddai ac yn rhedeg i lawr i'r gwaelod cyn dod allan i lestri trwy dap arbennig. Yna rhaid ei hidlo trwy haen o neilon clòs i gael gwared â'r briwsion cwyr ac unrhyw fân frychau eraill, i danc arbennig er mwyn ei redeg i jariau neu fwcedi arbennig. Yn bersonol, gwell gennyf ei storio mewn bwcedi aerglos *(airtight)* i'w redeg i jariau yn nes ymlaen fel bydd y galw. Peidier ag anghofio'r mêl sydd wedi diferu o'r tafelli cwyr a dorrwyd o wyneb y fframiau.

Mae yna holi parhaus sut mae 'gwneud mêl'. Mae rhai yn tybio mai'r gwenynwr sy'n ei wneud trwy ychwanegu rhyw gynhwysion at yr hyn a geir o'r cwch. Medr pob gwenynwr sicrhau nad oes yr un llaw ddynol wedi cyffwrdd ag ef nac ychwanegu dim ato – fe'i ceir yn y jar fel y daeth o'r cwch. Mae holi hefyd pam fod peth mêl yn rhedegog ac arall yn ronynnog galed. Yr un yw'r ddau. Mae'n rhedegog pan ddaw o'r cwch ond fel mae'r tywydd yn oeri mae'n crisialu ac yn caledu. Mae'n bosib troi mêl caled 'nôl yn rhedegog dim ond ei boethi'n araf ond gofaler peidio rhoi gormod o wres iddo rhag ei ddifetha. Ceir mêl ambell haf sydd yn gwbl amharod i galedu oherwydd y math o siwgr ffrwyth sydd ynddo. Ambell dro fe welir mêl sy'n edrych fel pe bai rhannau ohono wedi rhewi. Mae'r mêl hwn yn berffaith dim ond ei fod wedi ymadael â'r gwydr yn y jar wrth grisialu a'r gronynnau wedi gwynnu yn yr awyr.

I'r gwenynwr sydd am ofalu am ei wenyn, dim ond y mêl sydd dros ben gan y gwenyn y mae yn ei dynnu ac mae'n rhaid gadael tri deg i bedwar deg pwys ar ôl i'r gwenyn dros y gaeaf. Myn rhai ddwyn cyfran o'r bwyd gaeaf hwn gan fwydo siwgr ar ffurf surop yn ôl iddynt. Nid yw gwenyn yn gaeafu cystal ar ymborth o'r fath a thueddant i fod yn wan a difywyd yn y gwanwyn.

I'r rhai fydd am arddangos eu mêl rhaid fydd gochel rhag llygaid craff y beirniad.

Pennod 10

Cadw Trefn a Disgyblu – Blwyddyn y Gwenynwr

Gwenynwr diog yw'r un sy'n gwneud dim mwy na rhoi llofftydd mêl ar y cwch fel y bydd angen ac yna ar ddiwedd y tymor tynnu'r mêl os byth peth ar gael. Mae gwenynwr fel hyn yn bla i'w gyd-wenynwyr am fod ei wenyn yn aml yn rhoi parhad i afiechydon ac yn nychdod i'w gymdogion am fod ei wenyn byth a hefyd yn heidio i'w gerddi a chodi ofn arnynt. Rhaid i ni fel gwenynwyr sylweddoli fod y cyhoedd yn aml, oherwydd anwybodaeth, yn byw mewn arswyd o wenyn.

Mae blwyddyn y gwenynwr yn dechrau ym Medi ar ôl tynnu'r mêl. Yr amser yma rhaid delio â'r afiechydon sy'n difa'r gwenyn, yn enwedig y paraseit Faroa sydd wedi gwneud cymaint o ddifrod ac yn dal i wneud. Dyma'r amser i gyflwyno meddyginiaethau gan nad oes mêl i'w werthu yn y cwch. Dyma'r amser hefyd i uno ambell stoc sydd yn rhy wan i oroesi'r gaeaf. Gwneir yr uno ar ôl lladd y frenhines sy'n amlwg yn methu, a chyda'r hwyr roi tudalen o bapur newydd dros fframiau bocs magu'r cwch cryf cyn dodi'r bocs, sydd bellach heb frenhines, ar ben y papur. Rhaid i'r papur fod yn ddigon mawr i ledaenu dros wyneb y bocs magu i gyd a heb dwll ynddo. Yr egwyddor yw bod y gwenyn yn ystod y nos yn cnoi eu ffordd drwy'r papur a chan fod y gorchwyl yma mor araf bydd y ddwy stoc wedi datblygu'r un arogl. Ymhen pedair awr ar hugain bydd y papur yn flawdach tu allan i'r fynedfa. Pwrpas lladd y frenhines salaf yw rhag ofn i'r ddwy fynd i ymladd a'r frenhines dda yn colli'r dydd.

Rhaid gwneud yn siŵr fod gan bob cwch ddigon o fwyd i ddod trwy'r gaeaf. Os nad oes yna bydd angen bwydo siwgr ar ffurf surop, dau bwys o siwgr neu un kilo wedi ei doddi mewn peint o ddŵr. Bwydir y surop trwy lestr bwydo sy'n cael ei ddodi ar ben y bocs magu dan y to fel na fydd angen i'r gwenyn fynd allan i fwydo. Ynghanol y llestr yma mae math o dwnnel lle medr y gwenyn ddod i fyny at gyfran o'r surop ond heb foddi ynddo. Mae yna lawer math arall o lestri bwydo ond yr un yw'r egwyddor gyda phob un, hyd yn oed gyda bocs bwydo sydd â chymaint o arwynebedd â'r bocs magu ei hun. Ffordd syml a diffwdan o fwydo yw gwneud tri neu bedwar twll mewn pecyn siwgr â blaen pensil, neu debyg, a'i osod mewn bwcedaid o ddŵr am eiliadau nes bydd y rhan fwyaf o'r aer wedi dod allan ohono. Yna ei roi ar ben y twll bwyd yng nghaead y cwch dan y to. Gellir rhoi dau neu dri phecyn tebyg gyda'i gilydd.

Y cwch yn y gaeaf yn dawel a digyffro.
Llun: Richard Lewis

Gan amlaf bydd y bwydo yma yn ailddenu'r frenhines i ailddechrau llif o ddodwy. Yn naturiol, bydd llif y dodwy wedi cael ei gwtogi oherwydd rheolaeth y gwenyn ar fwydo'r frenhines pan mae'r neithdar yn prinhau. Bellach, gyda llif o fwyd, wel siwgr beth bynnag, bydd y frenhines am gyfnod yn dechrau cynyddu nifer yr wyau a ddodwyir. Mae angen geni nifer o wenyn yr amser yma gan mai'r rhain fydd yn cynnal y stoc drwy'r gaeaf ac ymlaen i'r gwanwyn. Mae gwenyn a fegir yn yr hydref yn abl i fyw am tua chwe mis oherwydd nad ydynt yn lladd eu hunain yn hel paill a neithdar fel gwenyn yr haf. Y flanced orau i oerfel y gaeaf yw digon o wenyn. Gyda chwch clyd a diddos, digon o fwyd, a'r fynedfa wedi ei chau yn ddigon bach fel na fedr llygod fynd i mewn i'r clydwch, does yna ddim rheswm na fedr y stoc oroesi'r gaeaf.

Dim ond pan fydd y tywydd yn oer iawn y mae'r gwenyn yn cysgu, os cysgu hefyd. Ar dywydd fel hyn maent yn closio at ei gilydd yn un clwstwr. Mae'r gwenyn ynghanol y clwstwr yn bwyta mêl a hwnnw'n cynhyrchu gwres yn y corff gan ei fod yn garbohydrad. Cedwir canol y clwstwr mor agos â phosibl at dymheredd o 17 gradd C. Gan fod y gwenyn sydd ar wyneb y clwstwr lawer iawn oerach, a bod perygl iddynt drengi, maent yn araf symud i mewn i ganol y clwstwr tra bydd y rhai yn y canol yn symud allan. Trwy gydol tywydd rhewllyd oer mae yna symud parhaus o fewn y clwstwr.

Erbyn canol y gaeaf mae dodwy'r frenhines wedi gorffen am

gyfnod ond bydd yn ailddechrau tua diwedd Ionawr i ddechrau mis Bach. Ni fedrir ond rhyfeddu at reolaeth a threfn bywyd y gwenyn; pe byddai'r frenhines yn dal i ddodwy drwy'r gaeaf byddai yna berygl bod y gwenyn yn brin o fwyd cyn neithdar y gwanwyn. Meddylier hefyd am y draul ar gorff y gwenyn i gadw'r nyth yn gynnes wrth fagu'r rhai bach. Hyd yn oed yng ngwyntoedd oer a chesair y gwanwyn pan mae'r frenhines wedi ailddechrau dodwy, rhaid cadw gwres y nyth lawer yn uwch, sef ar 34 gradd C union er gwaethaf yr oerfel y tu allan. Mae cynhyrchu gwres i gadw'r nyth yn gynnes, trwy fwyta mêl, yn medru bod yn draul fawr ar gorff y gwenyn. Fel mae golau'r dydd yn cynyddu mae'r nyth yn ehangu a daw gwenyn ifanc i gymryd lle'r hen rai sydd yn araf drengi.

Yn y cyfnod yma os oes ambell stoc yn fyr o fwyd yna rhaid bwydo a nawr, a'r tywydd yn oer, bydd angen bwydo gyda llestr bwydo cyswllt *(contact feeder)*. Gyda'r math yma o lestr bwydo nid oes raid i'r gwenyn ddod i fyny trwy unrhyw fath o dwnnel gan fod agoriad y llestr yn union uwchben y fframiau. Rhaid ceisio bob amser fwydo digon yn yr hydref er mwyn peidio bwydo yn y gwanwyn. Mae bwydo yn y gwanwyn yn medru bod yn broblem gan fod yna berygl i orfwydo ac felly gyfyngu ar le'r frenhines i ddodwy. Ar y llaw arall mae'r bwydo yn medru annog y frenhines i ddodwy a chynyddu'n gyflym. Gall hyn arwain at farwolaeth y stoc o newyn os nad yw'r gwenynwr yn ofalus gyda'i barhad o fwydo. Ond i'r gwenynwr sydd am gryfhau ei wenyn erbyn ffrwd o neithdar cynnar, megis olew hadau rêp, mae bwydo'r gwanwyn yn ffordd naturiol o gryfhau'r stoc.

Erbyn dechrau Ebrill mae pethau'n dechrau symud o ddifrif. Mae'r dydd yn ymestyn ac yn cynhesu a daw paill a neithdar ffres i mewn i'r cwch. Erbyn hyn mae pob cnewyllyn a baratowyd yr haf cynt yn prysur gynyddu ac efallai yn brin o fwyd. Mae'n amser bellach i'w drosglwyddo i focs magu llawn lle caiff le i ymestyn. Cofier, medr y stoc yma droi allan yn arbennig o dda gan fod ganddi bopeth o'i phlaid, digon o wenyn a brenhines ifanc. Ar brynhawn braf mae'n bryd agor y cwch i archwilio pob ffrâm i weld a yw'r frenhines yn dodwy'n iawn, i wneud yn siŵr nad oes clefyd yn y cwch, a sicrhau bod yna ddigon o fwyd. Mae'n bryd symud y fframiau gwag sy'n edrych braidd yn dila i ochr allan y bocs magu i'w newid am fframiau llenni cwyr yn nes ymlaen. Dyma'r amser hefyd i ddod o hyd i'r frenhines, cyn i'r cwch orlanw, i'w marcio os yw heb farc. Mae pob un sydd heb farc yn frenhines newydd, naill ai o gnewyllyn y tymor cynt neu wedi ei geni o gelloedd brys, neu o gell goroesi. Trafodwyd hyn mewn penodau blaenorol.

Tra bod y frenhines yn cael ei nodi ceir cyfle hefyd i dorri blaen un adain, os yw'r gwenynwr am wneud hyn. Ni fedr bellach hedfan gyda'r haid pan fydd y gell brenhines gyntaf wedi ei selio. Dyw hyn ddim yn atal y gwenyn rhag dod allan fel haid ond gan nad yw'r frenhines yn medru hedfan, buan y daw'r gwenyn yn ôl i'r cwch. Gall hyn ddigwydd dwy neu dair gwaith. Mae yna berygl serch hynny i'r frenhines geisio hedfan ond oherwydd ei hanallu, syrth i'r llawr ac felly fe gaiff ei cholli. Mae yna hefyd berygl mwy oherwydd gan na fedr y stoc heidio gyda'r frenhines arhosant nes bydd y wyryf gyntaf wedi deor ac yna heidio gyda honno. Pan ddigwydd hyn mae'r haid yma yn un fawr, bron iawn yn cynnwys gwenyn y cwch i gyd, gan adael dyrnaid neu ddau yn unig ar ôl. Gan mai gwyryf bellach sy'n arwain yr haid fe all hedfan i rywle allan o afael y gwenynwr.

Erbyn canol Ebrill a dechrau Mai mae coed y gwanwyn yn eu blodau ac mae'n hen bryd rhoi'r wahanlen ar ben y bocs magu i gadw'r frenhines o dan reolaeth. Nawr rhaid rhoi'r llofft fêl gyntaf ymlaen ar ben y wahanlen fel bod lle i'r gwenyn storio'r mêl sy'n cael ei gynaeafu, ac i roi lle i'r gwenyn sy'n tueddu i orlenwi'r bocs magu. Mae'n fantais bob amser fod fframiau'r llofft fêl gyntaf wedi eu hadeiladu'n barod; defnyddier y fframiau hynny fu'n storio'r mêl y tymor cynt. Fe fydd y rhain yn denu'r gwenyn i'r llofft ar unwaith ac, fel y soniwyd, yn lleihau'r cronni o gwmpas y frenhines. Gellir rhoi llenni cwyr yn yr ail a'r drydedd lofft gan fod rhoi cyfle i'r gwenyn gynhyrchu cwyr yn arafu'r awydd i heidio. Mae'r rhan fwyaf o wenynwyr yn rhoi fframiau mêl y tymor cynt 'nôl ar ben y cwch ar ôl tynnu'r mêl yn yr hydref er mwyn i'r gwenyn eu glanhau a'u sychu o'r diferion mêl fydd ar ôl. Gwell gen i eu storio'n wlyb gan fod hyn yn denu'r gwenyn i'w defnyddio ar unwaith yn y gwanwyn.

Bydd ambell stoc yn ymddangos erbyn hyn dipyn gwannach na'r lleill, efallai gyda dim ond rhyw ddwy neu dair ffrâm o wenyn. Does dim gobaith cael cynhaeaf oddi wrth y rhain a rhaid bydd eu cryfhau. Er mwyn gwneud hyn byddaf yn eu trosglwyddo o'r bocs magu i focs

Paill cyntaf y gwanwyn.
Llun: Meirion Williams

cnewyllyn ac ychwanegu mag a gwenyn atynt o ddwy stoc arall sy'n gryf iawn. Yna ysgydwer gwenyn o ddwy ffrâm arall atynt cyn eu cau a'u symud i wenynfa arall rhyw dair milltir i ffwrdd. Yno, ni fyddant fawr o dro cyn cryfhau a dod yn barod i'w trosglwyddo 'nôl i'w bocs magu. Rhaid rhoi mag a gwenyn os ydynt am gryfhau; dyw rhoi mag yn unig o ddim gwerth gan nad oes yn y cwch gwan ddigon o wenyn i edrych ar ei ôl. Rhaid hefyd, wrth gryfhau'r cnewyllyn, roi gwenyn o ddau gwch at y gweiniaid gan nad yw gwenyn o dri chwch gwahanol yn mynd i ymladd â'i gilydd, fel y byddai gwenyn o ddau gwch yn sicr o wneud.

Erbyn diwedd Mai dylai'r ail neu hyd yn oed y drydedd lofft fêl fod ar y cwch gan mae mor bwysig fod lle'n cael ei roi rhag blaen. Mae'r stoc nawr yn cyrraedd at ei llawn dwf ac mae angen y lle pa un a oes mêl yn y llofftydd neu beidio. Mae yna ddadl ynglŷn â'r llofftydd mêl; rhai gwenynwyr yn rhoi'r llofft fêl ddiweddaraf o dan yr un flaenorol ac eraill yn ei dodi ar ei phen. Yn sicr y ffordd olaf sydd rwyddaf er mai'r ffordd gyntaf a nodwyd sy'n fwyaf naturiol gan fod gwenyn bob amser yn llanw tuag i lawr.

Bellach mae tymor yr heidio ar warthaf y gwenynwr gyda'i holl broblemau fel y trafodwyd mewn penodau blaenorol. Digon yw nodi, os ydych am gynhaeaf mêl rhaid atal heidio, ond eto os ydych am gynyddu nifer y gwenyn yna mae cyfle i wneud hynny pan heidia'r stoc. Fodd bynnag, rhaid pwysleisio fod cynyddu oddi wrth stoc sydd yn heidio, ac yn draddodiadol barod i wneud hynny, yn bridio'r gwendid i'r tylwyth sy'n dilyn.

Tymor byr iawn yw'r tymor casglu mêl. Mae'n dechrau'n araf ganol Ebrill ond mae'r rhan fwyaf o fêl dechrau'r tymor yn cael ei ddefnyddio gan y gwenyn i amlhau gwenyn yn y stoc. Prin ddeufis,

Merched y Wawr ar drot!

felly, yw hyd y cynhaeaf sy'n rhoi cyflenwad o fêl – misoedd Mehefin a Gorffennaf. Dyma'r cyfnod y mae'r gwenyn yn byw mewn gobaith o gael tywydd braf, a gorau po fwyaf trymaidd y bydd hi. Clywais gynifer o bobl yn dweud, a hithau'n dywydd gwlyb, oer, yn ystod y ddeufis hyn y byddai'r gwenyn yn sicr o gael cyflenwad o fêl gan fod digon o flodau ar gael. Ychydig a wyddant am drefn natur cyn belled ag y mae cynhyrchu neithdar yn y cwestiwn. Ar dywydd felly dyw'r gwenyn ddim yn casglu o gwbl – does dim diben iddynt chwilio gan nad yw planhigion yn creu neithdar yn y fath dywydd. Gwastraff ar egni yw chwilio am yr hyn nad yw i'w gael.

Cofiaf yn dda am haf 1974, un o'r hafau gwlypaf erioed. Roedd y ddau haf a ddilynodd yn hafau braf a chynnes gyda haf 1976 yn haf yr hafau, er na chafwyd fawr o fêl gan ei bod wedi mynd yn rhy sych. Ond yn 1974 roedd y ffermwyr yn cwyno'n arw am safon isel y silwair oherwydd bod diffyg siwgr ynddo ac y byddai bron yn ddiwerth fel porthiant. Dim neithdar yn y blodau i'r gwenyn a diffyg siwgr yn y silwair i'r anifeiliaid – pwdin o'r un badell. Er mwyn gwella safon y silwair roedd ffermwyr yn arllwys galwyni o driagl ar ei ben er mwyn ei felysu a phan ddaeth yn amser tynnu mêl, yr ychydig oedd gennyf, roedd mor ddu â'r frân ac, yn ôl ei arogl a'i flas, yn llawn o'r triagl. Roedd y gwenyn, wrth gwrs, wedi ei gasglu o'r silwair gan nad oedd neithdar yn y blodau. Mae peth ohono gennyf o hyd ac mae wedi twyllo llawer beirniad yng nghystadleuaeth y mêl tywyll mewn amryw sioe!

Mae yna stori arall ynglŷn â hwn. Byddaf yn cael fy ngalw'n aml i siarad am wenyn a mêl yn y gwahanol gymdeithasau, megis Merched y Wawr a Sefydliad y Merched. Ar gyfer y cyfarfodydd hyn byddaf bob amser yn mynd â jar o'r mêl du. Ar ddechrau'r cyfarfod gwahoddir y swyddogion ac un neu ddwy arall i flasu'r mêl du gan ddweud wrthynt y cânt roi eu barn ar y diwedd. Eir ymlaen i ddweud mai mêl o'r *Black Forest* yn yr Almaen yw'r mêl du ac mai *Honey Dew* yw'r enw cyffredin arno. Wedi esbonio mai carthion o gorff pryfetach sy'n bwydo ar sudd coed yw'r mêl du, mae wynebau'r rhai fu'n ei flasu yn dechrau troi eu lliw ac ambell un yn brasgamu am y tŷ bach! Ond wedi esbonio mai cynnyrch haf gwlyb 1974 yw'r mêl mae ychydig liw yn dechrau dod 'nôl i'r bochau er bod ambell un yn teimlo y byddai wedi bod yn well pe byddent wedi aros gartref. Wedi meddwl, dyw straeon o'r fath ddim yn hysbyseb dda i un sy'n gwerthu mêl!

Y Gweithle – Planhigion y Gwenyn

Rwyf wedi sôn fod angen llygad natur ar bob gwenynwr. Nid yn unig wybodaeth o dreigl y tymhorau ond hefyd wybodaeth pur fanwl o flodau a phlanhigion lleol, yn enwedig y rhai hynny sy'n cael eu mynychu gan ei wenyn. Nid yn ôl y misoedd y mae gwenynwr yn cyfrif y flwyddyn ond yn hytrach yn ôl cyfnodau, cyfnod y coed ffrwythau a dant y llew, cyfnod y mwyar a'r meillion, a chyfnod blodyn y milwr a'r grug. Mae ambell dymor yn dod yn gynt oherwydd y tywydd ac un arall ar ôl ei amser arferol. Yn hyn i gyd rhaid i'r gwenynwr, wrth baratoi ei wenyn i'r cynhaeaf, ddeall y gall ychydig ddiwrnodau braf ddod â thymor diweddar ymlaen i'w amser arferol ond fe gymer chwe wythnos iddo fagu gwenynen i hel neithdar.

Ychydig, os o gwbl, o neithdar a geir oddi wrth y rhan fwyaf o flodau'r ardd. Blodau a phlanhigion y cloddiau a'r meysydd yw maes casglu'r gwenyn. Mae nifer o ddylanwadau allanol sydd o gymorth neu'n rhwystr i'r blodau gynhyrchu neithdar. Er enghraifft, mae ambell rywogaeth o flodau yn fwy parod i ryddhau neithdar yn y bore ac un arall yn atal y llif tan y prynhawn. Un arall, os yw yn y cysgod, yn rhoi dim tra mae'r un planhigyn yn llygad yr haul yn barod iawn ei gynnyrch.

Mae ansawdd y pridd hefyd yn medru effeithio ar blanhigion. Ychydig o neithdar a geir o flodau sy'n tyfu ar dir cleiog, oer ond mae pethau'n bur wahanol os yw'r planhigyn yn tyfu ar lechwedd sych. Yr unig broblem gyda thir o'r math yw bod y neithdar yn sychu os yw'r tywydd yn wresog iawn. Mae i'r tymheredd ei ran hefyd gyda rhai planhigion yn barod i gynhyrchu neithdar ar dymheredd isel tra mae eraill yn gofyn am dymheredd o 21 gradd C a mwy, a hynny am rai dyddiau.

Mae'r dylanwadau hyn yn medru effeithio ar liw a blas y mêl, hyd yn oed o'r un math o flodau. Os yw'r llif neithdar yn araf yna mae tuedd i'r mêl fod yn dywyll, yn wir llawer iawn tywyllach na phan mae'r llif yn gyflym. Gall y lliw a'r blas hefyd amrywio yn ôl y flwyddyn – haf cynnes neu haf oer, haf cynnar neu haf diweddar.

Paill o'r 'gwyddau bach'. Mae'r helyg yn un o blanhigion gorau'r gwanwyn.
Llun: Dinah Sweet

Mae yna yn ein gwlad ni dri phlanhigyn sy'n cynhyrchu neithdar chwerw, chwerw, a all fod yn wenwynig, sef Llysiau'r Gingroen *(Ragwort)*, y Rhododendron a'r Prifed *(Privet)*. Os nad oes gwell i gael mae gwenyn yn barod i weithio ar Lysiau'r Gingroen a'r Prifed ond ni welais yr un erioed yn gweithio'r Rhododendron.

Serch hynny rwyf wedi sylwi ar y cacwn *(bumble bees)* yn gweithio ar y tri a hynny yn ddigon parod. A sôn am y cacwn, dyma frenhinoedd y casglu neithdar a'r peillwyr gorau o bawb. Maent yn medru gweithio ar bob tywydd boed law neu hindda, a medrant sugno neithdar â'u tafod hir o waelod y blodyn dyfnaf sydd y tu hwnt i dafod y wenynen. Ond yna mae'r wenynen yn eu curo fel peillwyr gan fod miloedd ohonynt hwy o'u cymharu â degau'r cacwn. Felly, o achos eu diffyg rhif, dyw'r cacwn ddim yn medru ymweld â phob blodyn. Ambell waith maent hefyd yn chwarae tric, yn enwedig ar flodau'r ffa dringo a'r drops cochion *(fuschias)*. Gan fod neithdar y rhain yn ddwfn iawn yn y blodyn maent ar brydiau yn arbed amser ac ymdrech trwy dorri twll yng ngwaelod y blodyn a sugno'r neithdar trwyddo; drwy wneud hyn, nid ydynt yn peillio fel y dylent.

Yn dilyn dyma ychydig wybodaeth gyffredinol am y planhigion sy'n cael eu mynychu amlaf gan wenyn wrth gasglu paill a neithdar. Ceisir eu rhoi yn y drefn y maent yn blodeuo er bod nifer ohonynt, ganol haf, yn cyflwyno eu neithdar ar yr un pryd. Mater o ddewis y gwenyn yw pa un y maent am weithio arno ond yn sicr ânt at y planhigyn lle mae'r neithdar dwysaf a melysaf. Mae'r gwir wenynwr yn adnabod y planhigion sy'n porthi ei wenyn ac yn gwybod am eu tymor blodeuo ac am liw'r paill sydd ynddynt. Wrth edrych ar liw'r paill mae'n gwybod ar ba blanhigion y mae ei wenyn yn gweithio.

Mae'n werth nodi fod y gwenynwr craff yn medru proffwydo ymlaen llaw sut gnwd a geir ar y gwahanol lwyni a choed yn yr hydref. Mae hyn yn ddigon syml: os ceir cyfnod o dywydd braf pan mae'r llwyn neu'r goeden dan sylw mewn blodau ceir cynhaeaf da gan fod y gwenyn wedi medru gweithio arnynt i gasglu neithdar a'u peillio. Os yw'r tywydd yn anffafriol yna ychydig yw'r cnwd; mae hyn yn profi gwerth y wenynen wrth beillio. Ffolineb yw meddwl fod cnwd da yn argoel o aeaf caled am fod y Bod Mawr am drefnu bwyd i'r adar a'r anifeiliaid. Gall y Brenin Mawr drefnu popeth ond nid yw'n torri na gwyro trefn Natur.

Eirlysiau a Saffrwm
Rhydd y rhain gyfle am baill ac ychydig neithdar cyntaf y tymor. Rhaid i mi gyfaddef, serch hynny, na welais wenyn erioed yn eu gweithio gan mai dim ond ar ambell awr heulog y cânt y cyfle yn oerfel Chwefror. Mae'n siŵr fod angen llain helaeth ohonynt, nid ambell dusw yma ac acw.

Cynffonnau Ŵyn Bach
Dyma'r blodyn sy'n cynhyrchu paill y goeden gollen. Paill yn unig a gaiff y gwenyn ar y blodau hyn. Gellir gweld y paill yn codi'n gymylau pan sigla awel y llwyn. Ond does dim llawer o gyfle i gasglu baich o'r paill oherwydd oerfel y tywydd.

Eithin
Paill yn unig ond dim neithdar. Paill o liw brown tywyll.

Y Ddraenen Ddu a'r Eirin
Neithdar a phaill os yw'r tywydd yn caniatáu. Os yw'r tywydd yn dda yn ystod cyfnod y blodeuo yna gellir yn sicr broffwydo cnwd da. Paill o liw gwyrdd.

Dant y Llew
Efallai'r gorau o'r holl flodau. Mae'n rhoi llif o neithdar a phaill ar yr union amser sydd ei angen yn Ebrill er mwyn i'r gwenyn gryfhau. Mae'n amlwg na wyddai Crwys hyn pan ysgrifennodd 'Y Border Bach'! Paill lliw oren.

Bydd angen Brillo i gael hwn yn lân!

Cwrens o bob math
Paill a mêl, ond nid oes cyflenwad helaeth o'r llwyni o fewn cyrraedd y gwenyn i gael llawer o fêl. Mae'n stori wahanol iawn mewn ardaloedd lle tyfir y llwyni'n fasnachol. Eto, tywydd da – cnwd da. Paill: llwyd.

Cotoneaster
Llwyn sydd wedi achosi penbleth a rhwystredigaeth i lawer gwenynwr. Pan mae'r blodau bach, bach ar agor fe ddenant gannoedd o wenyn, yn gymaint felly fel y caiff llawer i wenynwr alwadau ffôn oddi wrth ei gymdogion i gwyno fod ei wenyn wedi heidio. Pan â yno does dim o'i le, dim ond bod y gwenyn yn prysur weithio ar y llwyni hyn. Mae'n amlwg fod eu neithdar yn ddwys iawn oherwydd fe ddena wenyn oddi wrth bob math arall o flodau. Paill: melyn.

Coed Afalau

Fe'u gweithir am fêl a phaill. Byr iawn yw tymor y blodau ond ceir cryn dipyn o fêl os oes perllan fawr yn agos. Mae perchnogion perllannau yn barod iawn i dalu gwenynwyr am ddod â gwenyn i beillio'r coed.

Sycamor

Ar dywydd ffafriol gellir cael cyflenwad o fêl tywyll ei liw. Nid yw mor flasus â hynny ond mae'n gwella wrth ei gadw. Peidier â gadael y car o dan y coed hyn os yw'r neithdar yn llifo a phryfetach fel y pry gwyrdd yn bwydo arno gan y bydd golchi'r car yn gryn broblem. Rwyf wedi trafod *Honey Dew* mewn pennod arall. Paill: gwyrdd tywyll.

Ffrwythau Meddal

Paill a mêl ond rhaid cael cyfeiriau ohonynt cyn cael cyflenwad o werth. Mae'r paill yn amrywio o fath i fath.

Y Ddraenen Wen

Eto mêl a phaill ond medr fod yn gyfnewidiol. Os ceir llif o neithdar mae ei arogl yn llenwi'r wenynfa. Mae'n anodd gwahaniaethu rhwng arogl y Ddraenen Wen a'r Sycamor gan fod y ddwy yn blodeuo'r un pryd. Mae'r paill hwn eto yn wyrdd tywyll.

Meillion

Dyma un o flodau canol haf. Dyma un o'r blodau y mae'r gwenynwr yn gobeithio fydd yn fodd i lanw'r llofftydd mêl. Mae mêl a geir ohonynt yn fêl golau ardderchog a phan mae'r neithdar yn llifo gellir casglu cymaint ag wyth pwys y cwch y dydd. Maent wedi mynd yn fwy cyfnewidiol eu neithdar yn ystod y blynyddoedd diwethaf gan fod y math a heuir nawr yn cynhyrchu blodyn â phen mawr sy'n rhy ddwfn i dafod y wenynen. Mae angen gwres mawr cyn y llifa'r neithdar. Paill lliw llwyd.

Palalwyfen/Pisgwydden *(Lime)*

Coeden sydd ar brydiau'n rhoi llif o neithdar ac iddo wawr werdd. Mae cynifer o wahanol fathau o'r coed hyn ar gael a llawer ohonynt

Jac y Neidiwr. Mae'n arbennig am fêl a phaill yn yr hydref er fod Asiantaeth yr Amgylchedd am ei ddifa.
Llun: Richard Lewis

yn rhoi dim. Mae rhai yn cynhyrchu neithdar yn y bore ac eraill y prynhawn. Peidier â gadael y car o dan y goeden hon chwaith!

Mwyar
Un arall o brif flodau'r gwenyn. Mae yn barod iawn i roi neithdar bob amser, hyd yn oed ar dymheredd isel gan wneud hynny am gyfnod hir. Mae'n gwreiddio'n ddwfn ac felly nid oes berygl i'r neithdar sychu. Paill llwydwyrdd.

Llysiau'r Milwr/Helyglys *(Willow-herb)*
Tyfa'n dda lle mae tân wedi bod, felly'r enw *Fireweed*. Mêl clir fel dŵr a melys iawn a geir o'r blodyn hwn, yn wir yn orfelys onid yw yn cael ei gymysgu gyda rhyw fêl arall. Paill gwyrdd tywyll.

Grug
Yn ôl rhai hwn yw'r mêl gorau o'r cyfan ond nid yw at ddant pawb gan ei fod yn gryf ei flas. Nid yw'n rhedeg nac yn caledu gan ei fod ar ffurf jeli. Paill llwydfrown.

Jac y Neidiwr *(Himalayan Water Balsam)*
Blodyn tramor yr hydref sydd yn weddol newydd i ni yng Nghymru yw hwn. Mae'n arbennig o dda ar gyfer llanw'r bocs magu erbyn y gaeaf. Mae'r gwenyn pan weithiant ef yn dod adref yn wyn fel pe baent wedi bod yn y felin. Gall y gwenyn weithio arno ar dywydd gwlyb gan fod y blodyn â'i ben i lawr. Wn i ddim am y blas ond mae'r paill yn llwydwyn.

Iorwg
Yr olaf un i roi mêl a phaill. Mae'r mêl braidd yn chwerw ei flas ac yn caledu'n gyflym yn y fframiau. Rhaid i'r gwenyn gario dŵr er mwyn

ei ddefnyddio a dyw hynny ddim yn dda ar dywydd oer y gaeaf.

Mae yna nifer o flodau eraill sy'n cael eu gweithio ond gan nad ydynt yn niferus nid yw eu paill na'u mêl yn gwneud rhyw wahaniaeth mawr yng nghynnwys y cwch. Mae nifer ohonyn nhw'n cael eu hanwybyddu pan fydd eraill dwysach eu neithdar ar gael.

Pennod 12

Cydweithio – Trafod y Gwenyn

Erbyn hyn mae'n siŵr fod y darllenydd wedi deall fod gan wenynwyr, fel ym mhob crefft, eu geirfa arbennig. Byth a hefyd maent yn sôn fod y stoc yn gryf neu yn wan. Does gan yr eirfa hon ddim i'w wneud â'r ystyr arferol; golygant fod yna lawer neu ychydig o wenyn yn y stoc. Mae gweithio ar flodau yn golygu casglu paill a mêl ohonynt ac mae hwyliau drwg yn golygu fod y gwenyn yn fwy parod i frathu. Sonnir hefyd am lif o neithdar pan mae'r blodau neu'r planhigion yn barod iawn i gynhyrchu neithdar.

Oni bai bod gwenyn yn brathu rwy'n siŵr y byddai rhif y gwenynwyr yn treblu. Dyma'r agwedd sy'n cadw pawb hyd braich oddi wrthynt ac sy'n codi ofn, na, arswyd, ar y cyhoedd yn gyffredinol. Mae brathu yn medru dysgu gwers i'r gwenynwr hefyd a phrofi iddo nad rhyw greaduriaid dof ydynt, ond creaduriaid sy'n barod i amddiffyn yr hil a'r cartref hyd angau. Maent yn dysgu iddo ymarfer amynedd gan fod symudiadau cyflym yn sicr o'u cythruddo. Mae amser a thywydd y trafod yn bwysig. Trafod pan fo'r tywydd yn braf a'r gwenyn yn hedfan ac yn gweithio, ond cadw'n ddigon pell os yw'r tywydd wedi atal y casglu yn sydyn fel ar dywydd taranau. Rhaid bydd penderfynu ymlaen llaw'r rheswm am agor y cwch a chael yr offer i gyd yn barod. Thâl hi ddim i oedi'n ormodol i chwilio a chwalu am hyn a'r llall. Mae'r gwenynwr felly yn haeddu'r hyn a gaiff.

Yn wahanol iawn i'r hyn y mae nifer yn ei feddwl mae'r colyn yn y pen ôl ac nid yn y pen blaen. Mae pobl yn gofyn i'r gwenynwr yn gyson a yw yn cael ei frathu; wrth gwrs ei fod, ac yn aml iawn os nad yw yn gwneud ei waith fel y dylai. Pan ddaw'r brathiad, ac yn sicr fe ddaw yn ei dro, fe'i ceir ar unrhyw ran o'r corff, ond yn fwy arbennig ar y mannau hynny o'r corff lle mae chwys. Os yw'n trafod gwenyn heb fenig, a dyma'r ffordd iawn, gofaler tynnu'r oriawr i ffwrdd a chwythu digon o fwg ar yr arddwrn i ladd arogl y chwys, neu fe geir nifer o frathiadau yma. Mae'r wenynen yn gwthio'r colyn drwy'r croen, camp fawr i bryfyn mor fach, ac yna mae'n troi a throi nes bydd y colyn a rhan o'r corff yn datgymalu. Mae yna fachyn 'sa' mewn' ar y colyn tebyg i'r hyn a geir ar fach pysgota; unwaith yr â hwn i'r croen nid yw'n dod yn rhydd. Mae'r rhan o'r corff sydd ar ôl yn cynnwys y colyn a'r sach wenwyn sy'n glwm wrtho. Hedfana'r wenynen i ffwrdd i farw tra mae'r nerfau byw sydd yn y rhan sydd ar ôl yn gwneud dau beth: wrth i'r nerfau grebachu trwy gau ac agor maent yn gwthio'r colyn yn ddyfnach i'r cnawd, ac ar yr un pryd yn chwistrellu'r gwenwyn i mewn. Peidier byth â cheisio tynnu'r colyn allan rhwng bys a bawd gan fod hyn yn gwneud gwaith y nerfau trwy wthio'r gwenwyn i mewn. Yn hytrach, rhaid crafu'r colyn i ffwrdd â chyllell neu offeryn tebyg i dorri'r cysylltiad rhwng y rhan hynny o'r colyn sydd ar ôl yn y cnawd a'r sach wenwyn.

I weithio'n gyfforddus gyda'r gwenyn rhaid i'r gwenynwr wisgo dillad priodol. Dillad golau sydd orau oherwydd, am ryw reswm, nid yw gwenyn yn or-hoff o ddillad tywyll; rheswm arall yw bod gwyn yn fwy cyffyrddus yn y gwres wrth drafod gwenyn. Y dyddiau hyn gellir prynu siwt arbennig sydd yn cynnwys yr het a'r penrwyd dros yr wyneb, y cyfan yn un darn. Bydder yn ofalus, serch hynny, gyda siwt o'r fath oherwydd bod y gwenynwr yn mynd i deimlo mor glyd a diogel fel ei fod yn fwy tebygol o drafod ei wenyn yn wyllt a thrwsgl. Gall hyn arwain at wenyn sy'n ddrwg eu hwyl nes eu bod yn brathu pawb a phopeth a ddaw yn agos. Nid mewn byr amser y tawelant gan fod cof hir gan wenyn, yn enwedig am y rhai sydd wedi bod yn chwalu eu cartref mor ddibarch.

Bydd angen sgidiau uchel am y traed – mae wellingtons yn iawn ond nid y rhai gorau ar dywydd twym gan fod arogl chwys yn codi ohonynt ac yn denu brathiadau o gwmpas y pen-glin. Ond rhaid cael rhywbeth tebyg, gan fod gwenyn bob amser yn cerdded i fyny, nemor byth tuag i lawr. Soniais mewn pennod gynharach am hyn wrth gartrefu'r haid. Os ydych am wisgo menig, iawn i rai'n dechrau neu wrth drafod ambell stoc ddrwg ei hwyl, bydd yn rhaid bod iddynt lewys hir i ddod dros lewys y wisg – eto gan fod y gwenyn yn cerdded i fyny. Poenus iawn yw hanner dwsin o bigiadau o dan y cesail. Unwaith y mae'r gwenyn wedi mynd o dan y wisg mae brathiadau'n sicr.

Mae angen un neu ddau o bethau eraill, y fegin fwg er enghraifft. Soniais ynghynt fel y mae'r mwg yn twyllo'r gwenyn i gredu bod eu cartref ar dân, gan wneud iddynt lenwi eu stumogau â mêl rhag ofn y bydd yn rhaid gadael y cartref a chwilio am un newydd. Mae stumog lawn yn ei gwneud hi'n anodd plygu'r corff i wthio'r colyn i'r cnawd ac felly fyddan nhw ddim mor barod i frathu. Os nad oes mêl yn y cwch yna ofer y mygu.

Mae angen hefyd offeryn cwch *(hive tool)*. Darn o haearn dur yw hwn, rhyw naw modfedd o hyd, un pen tua hanner modfedd o led a'r pen arall tua modfedd a hanner. Mae'r pen culaf wedi ei lunio fel blaen cŷn a'r pen arall wedi ei blygu fel sgrafell er mwyn crafu. Bydd y gwenynwr yn defnyddio'r pen cul i ryddhau'r gwahanol rannau o'r cwch a'r fframiau. Mae gwenyn yn casglu pob math o lud oddi ar goed a llwyni ac yn ei gario adref yn eu basgedi paill. Defnyddiant hwn i ludo popeth a phob rhan o'r cwch, pob bocs, pob ffrâm, pob hollt. Enw'r gwenynwr ar y glud hwn yw *Propolis*. Yn ôl llawer arbenigwr mae i'r gymysgedd o'r glud hwn rinweddau iachusol ac fe'i defnyddir mewn llawer math o feddyginiaethau. Mae un ysgrifennwr tra enwog yn maentumio mai hwn yw'r Balm o Giliad gwreiddiol. Myn rhai bod gwneuthurwyr ffidlau enwog yr Eidal wedi defnyddio'r propolis i wneud y farnais sydd mor arbennig i'r offerynnau hyn. Gan fod popeth wedi ei ludo mor ddiogel mae'r offeryn cwch, felly, yn gwbl angenrheidiol.

Rhaid gofalu, yn enwedig yn y gwanwyn, fod dŵr glân yn agos i'r wenynfa. Mae angen dŵr yn agos yr amser hwn am ei bod yn rhy oer i'w gario o bell ac er mwyn paratoi bwyd i'r cynrhon ac i feddalu'r mêl sydd o bosibl wedi caledu. Mae pwrpas arall iddo ganol haf. Soniais fel y mae'n rhaid cadw'r nyth yr un gwres haf a gaeaf. Yn y gaeaf cadw'r gwres i fyny yw'r broblem ond i'r gwrthwyneb ganol haf pan fydd yr haul yn tywynnu ar y cwch. Pe byddai'r gwres yn mynd yn rhy uchel byddai'r rhai bach yn marw a pherygl i gŵyr y fframiau doddi. I oresgyn hyn rhaid gwneud dau beth. Rhaid i nifer o wenyn adael eu priod waith, a gwyddom eisoes mor brysur y gall pethau fod pan mae neithdar yn dod i mewn, a mynd ati i ffanio gwynt oer i mewn i'r cwch. Rhaid i gyfran arall o'r gwenyn fynd ati i gario dŵr oer i mewn a'i wasgar o gwmpas celloedd y cwch. Trwy ddefnyddio'r ddau ddull hyn gellir rheoli tymheredd y cwch.

I orffen, cyflwynaf yr isod i danlinellu'r hyn y ceisiais ei wneud drwy'r llyfr, sef pwysleisio deallusrwydd, trefn, rhyfeddod, hud a chyfrinach y creaduriaid gwir gymdeithasol hyn. Yn ddiweddar roedd gwaith ymchwil yn cael ei wneud yn un o brifysgolion y dwyrain oedd yn ceisio cymharu gwenyn Ewropeaidd â'r gwenyn Dwyreiniol. 'Nôl yn nyddiau cynnar amser roedd gwenyn i gyd yn hanu o'r un llinach ond oherwydd eu gwahanu oddi wrth ei gilydd maent wedi datblygu'n wahanol mewn llawer ffordd. Sylwodd yr ymchwilwyr fod y ddau fath o wenyn yn defnyddio dawns i gyflwyno gwybodaeth i'w gilydd ond fod yna wahaniaeth mawr rhwng y ddwy ddawns. Trefnwyd fod y ddau fath o wenyn yn cael cyd-fyw a gosodwyd mêl allan iddynt i'w gasglu. Am gyfnod dim ond un math o wenyn oedd yn cael casglu'r mêl ac ar ôl dychwelyd i'r cwch byddent yn dawnsio'r wybodaeth i bawb. Yna tro'r math arall o wenyn fyddai casglu'r mêl a dawnsio'u dawns. Ar ôl cyfnod byr o amser daeth yn amlwg fod y naill fath wedi dysgu dawns y llall fel y medrent gydhela mewn llwyr ddealltwriaeth.

Geirfa

bachyn sa' mewn	*barbed hook*
bocs magu	*brood box*
brenhines	*queen*
bygegyr, gwenyn diog/gormes	*drones*
celloedd brys/argyfwng	*emergency cells*
celloedd disodli	*supersedure cells*
cenedlaethol	*national*
cnewllyn	*nucleus*
cwd had	*spermatheca*
cynrhon	*grubs*
chwarren 'dowch yma'	*Nasonov glands*
chwarennau	*glands*
chwileru	*pupate*
dawns gylch	*round dance*
dawns sigl-di-gwt	*waggle dance*
ensymau	*ensymes*
eplysu	*ferment*
fferomonau	*pheromones*
fframiau	*frames*
gofod gwenyn	*bee space*
gwahanlen	*queen excluder*
gwyryf	*virgin*
haid artiffisial	*artificial swarm*
llenni cwyr	*wax foundation*
llofft fêl	*super*
llofftydd mêl	*supers*
llwybr gwenyn	*bee space*
llygaid cyfansawdd	*compound eyes*
penrwyd	*veil*
priodi	*mating*
propolis	*propolis*
pryfenni	*pupate*
sylwedd y frenhines	*queen substance*
teimlyddion	*antenna*
thoracs (bola)	*thorax*

Cyfres Llyfrau Llafar Gwlad – rhai teitlau

42. AR HYD BEN 'RALLT
Enwau Glannau Môr Penrhyn Llŷn
Elfed Gruffydd; £4.75

46. 'FYL'NA WEDEN I'
Blas ar dafodiaith canol Ceredigion
Huw Evans a Marian Davies; £4.25

47. 'GYM'RWCH CHI BANED?'
Traddodiad y Te Cymreig – E.G. Millward; £3.50

48. HYNODION GWLAD Y BRYNIAU
Steffan ab Owain; £4.25

49. O GRAIG YR EIFL I AMERICA
Ioan Mai; £3.50

50. Y CYMRY AC AUR COLORADO
Eirug Davies; £3.50

51. SEINTIAU CYNNAR CYMRU
Daniel J. Mullins; £4.25

52. DILYN AFON DWYFOR
Tom Jones; £4.50

53. SIONI WINWNS
Gwyn Griffiths; £4.75

54. LLESTRI LLANELLI
Donald M. Treharne; £4.95

55. GWLADYCHU'R CYMRY YN YR AMERICAN WEST
Eirug Davies; £4.50

56. BRENHINES POWYS
Gwenan Mair Gibbard; £4.50

57. Y DIWYDIANT GWLÂN YN NYFFRYN TEIFI
D. G. Lloyd Hughes; £5.50

58. CACWN YN Y FFA
Ysgrifau Wil Jones y Naturiaethwr; £5

59. TYDDYNNOD Y CHWARELWYR
Dewi Tomos; £4.95

60. CHWYN JOE PYE A PHINCAS ROBIN – ysgrifau natur
Bethan Wyn Jones; £5.50

61. LLYFR LLOFFION YR YSGWRN, Cartref Hedd Wyn
    Gol. Myrddin ap Dafydd; £5.50
62. FFRWYDRIAD Y POWDWR OIL
    T. Meirion Hughes; £5.50
63. WEDI'R LLANW, Ysgrifau ar Ben Llŷn
    Gwilym Jones; £5.50
64. CREIRIAU'R CARTREF
    Mary Wiliam; £5.50
65. POBOL A PHETHE DIMBECH
    R. M. (Bobi) Owen; £5.50
66. RHAGOR O ENWAU ADAR
    Dewi E. Lewis; £4.95
67. CHWARELI DYFFRYN NANTLLE
    Dewi Tomos; £7.50
68. BUGAIL OLAF Y CWM
    Huw Jones/Lyn Ebenezer; £5.75
69. O FÔN I FAN DIEMEN'S LAND
    J. Richard Williams; £6.75
70. CASGLU STRAEON GWERIN YN ERYRI
    John Owen Huws; £5.50
71. BUCHEDD GARMON SANT
    Howard Huws; £5.50
72. LLYFR LLOFFION CAE'R GORS
    Dewi Tomos; £6.50
73. MELINAU MÔN
    J. Richard Williams; £6.50
74. CREIRIAU'R CARTREF 2
    Mary Wiliam; £6.50
75. LLÊN GWERIN T. LLEW JONES
    Gol. Myrddin ap Dafydd; £8.50
76. DYN Y MÊL
    Wil Griffiths; £6.50
77. LLÊN GWERIN BLAENAU GWENT
    Frank Olding
78. CELFI BRYNMAWR
    Mary, Eurwyn a Dafydd Wiliam; £6.50

Cyfrolau o ddiddordeb yn yr un gyfres

Cyflwyniad i lên gwerin unigryw yr ardal hon o Gymru

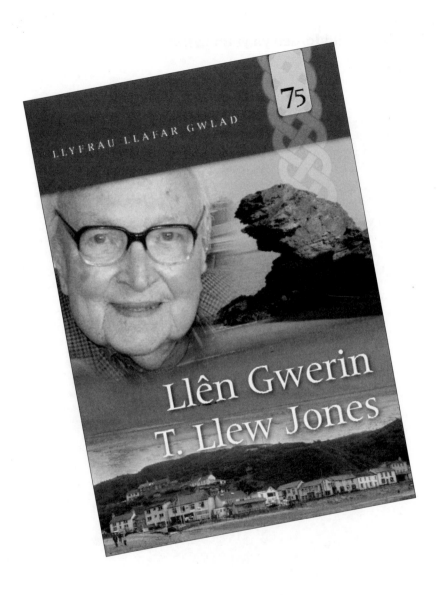

Detholiad o ysgrifau llên gwerin T. Llew Jones yn cynnwys ei gyfraniadau i'r cylchgrawn *Llafar Gwlad*